ORDONNANCE DU ROI,

Portant règlement pour le payement des Troupes de Sa Majesté, pendant la Campagne prochaine.

Du 25 Avril 1757.

A PARIS,
DE L'IMPRIMERIE ROYALE.

M. DCCLVII.

ORDONNANCE DU ROI,

Portant règlement pour le payement des Troupes de Sa Majesté, pendant la Campagne prochaine.

Du 25 Avril 1757.

DE PAR LE ROI.

SA MAJESTÉ voulant régler le traitement qui sera fait à ses Troupes pendant la Campagne prochaine, soit dans ses Armées ou dans les garnisons, a ordonné & ordonne que conformément aux états qu'Elle fera expédier, il sera fourni du fourrage, lorsqu'il n'y aura pas occasion de fourrager sur le pays; & pour la quantité de rations de fourrages attribuées à chaque grade des Officiers de ses troupes d'Infanterie & de Cavalerie, Elle se réfère à ce qui est prescrit pour la fourniture du fourrage, par son ordonnance du 20 février de la présente année, concernant la solde des Troupes pendant l'hiver: Elle fera aussi expédier des états pour la fourniture du pain de munition aux Officiers d'Infanterie françoise, des troupes de Cavalerie de la Maison de Sa *Fourrage & pain de munition.*

Majesté, des régimens de Cavalerie, de Carabiniers, de Hussards & de Dragons; & aux Brigadiers, Sous-brigadiers, Gardes-du-corps, Gendarmes, Chevaux-légers, Mousquetaires, Grenadiers à cheval, Cavaliers, Carabiniers, Hussards & Dragons; & du pain de munition seulement aux Sergens & Soldats de ses Troupes, tant françoises qu'étrangères, qui serviront dans les armées de Sa Majesté, à commencer des jours qu'elles se mettront en campagne en corps d'armée, jusqu'au dernier octobre prochain, sur le pied des revûes, en observant de se conformer pour les quantités attribuées à chaque grade, à ce qui est prescrit ci-après par la présente ordonnance. Sa Majesté entend, à cet effet, qu'il soit fait régulièrement trois revûes pendant la campagne, aux troupes des armées, par les Commissaires des guerres, avec les Directeurs ou Inspecteurs généraux, où il s'en trouvera; la première dans le mois de mai, la seconde dans le mois de juillet, & la troisième dans le mois de septembre.

ARTICLE PREMIER.

GARDES-FRANÇOISES & GARDES-SUISSES.

Compagnies.

Etats-majors.

LES compagnies des Gardes-françoises & suisses seront payées de leur solde ordinaire, sur laquelle il sera retenu deux sols pour chaque ration de pain de munition qui leur sera fournie; & les Officiers de l'Etat-major de chacun desdits régimens recevront leurs appointemens suivant les états qui seront expédiés.

II.

INFANTERIE FRANÇOISE.

INFANTERIE FRANÇOISE.

Compagnie des Grenadiers.

LES troupes de ladite Infanterie françoise, outre le pain de munition qui sera fourni aux Officiers & Soldats, seront payées pendant qu'elles seront en campagne, savoir; chaque compagnie de Grenadiers, composée de quarante-cinq hommes, sur le pied, par jour, de dix sols au Capitaine, huit sols au Lieutenant, six sols au Sous-lieutenant, six sols à chacun des deux Sergens, trois sols neuf deniers à chacun des trois Caporaux, trois sols six deniers à chacun des trois Anspessades, trois sols à chacun des trente-six Grenadiers

& un

& un Tambour; & deux ſols pour chacune des trois payes de gratification que le Capitaine touchera par jour, lorſque ſa compagnie ſe trouvera de quarante-quatre ou quarante-cinq hommes; deux deſdites payes, ſa compagnie étant à quarante-un, quarante-deux ou quarante-trois; une paye ſeulement à quarante, & rien au deſſous dudit nombre de quarante hommes. *Payes de gratification.*

Les ſeize compagnies de Fuſiliers de quarante hommes, qui ſont en chaque bataillon, ſervant en campagne, ſeront payées ſur le pied, par jour, de huit ſols au Capitaine, ſix ſols au Lieutenant, cinq ſols à chacun des deux Sergens, trois ſols trois deniers à chacun des trois Caporaux, trois ſols à chacun des trois Anſpeſſades, & deux ſols ſix deniers à chacun des trente-un Fuſiliers & un Tambour. Le Capitaine aura de plus cinq payes de gratification de cinq ſols chacune, par jour, ſa compagnie étant au complet de quarante hommes; trois deſdites payes à trente-cinq, trente-ſix, trente-ſept, trente-huit & trente-neuf, & deux ſeulement lorſqu'elle ne ſera qu'à trente, trente-un, trente-deux, trente-trois & trente-quatre, & aucune paye au deſſous du nombre de trente hommes. *Compagnies de Fuſiliers.* *Payes de gratification.*

Les Capitaines en ſecond, ci-devant en pied, provenant de la réforme de 1748 & 1749, & qui tiennent lieu de Lieutenans auxdites compagnies de Fuſiliers juſqu'à leur remplacement, ſeront payés en campagne, de leurs appointemens, ſur le pied de chacun ſept ſols par jour. *Capitaines en ſecond tenant lieu de Lieutenans.*

Les deux Enſeignes qu'il y a en chaque bataillon pour porter les Drapeaux, ſeront payés ſur le pied de cinq ſols chacun par jour. *Enſeignes.*

Les cinq hommes ſurnuméraires que Sa Majeſté veut bien entretenir au delà du complet en chacune des ſoixante-huit compagnies de ſon régiment d'Infanterie, ſans tirer à conſéquence pour les autres régimens, ſeront payés ſur le pied, par jour, de trois ſols à chaque Grenadier, & de deux ſols ſix deniers à chaque Fuſilier qui ſera préſent aux revûes des Commiſſaires des guerres juſqu'audit nombre de cinq par compagnie, ſans que cela produiſe *Soldats ſurnuméraires du régiment du Roi.*

B

aucune augmentation dans les hautes-payes, ni dans les payes de gratification desdites compagnies.

Compagnies de nouvelle levée des seconds bataillons des régimens Royal-Roussillon & la Sarre.

Les quatre compagnies de nouvelle levée, restées en France, de chacun des seconds bataillons des régimens Royal-Roussillon & la Sarre, passés en Canada, seront payées sur le même pied ci-dessus des autres compagnies d'Infanterie françoise, lorsqu'elles serviront en campagne, & pour le nombre d'hommes dont elles seront composées aux revûes des Commissaires des guerres.

Linge & chaussure.

L'intention de Sa Majesté est, qu'au moyen de la solde réglée par la présente ordonnance aux Sergens, Caporaux, Anspessades, Grenadiers, Fusiliers & Tambours, ils soient obligés de s'entretenir de linge & de chaussure.

Etat-major des régimens d'Infanterie françoise.

Les Officiers de l'Etat-major de chaque régiment d'Infanterie françoise, avec Prevôté, ou sans Prevôté, seront payés sur le pied, par jour, savoir; de seize sols au Colonel, quatre livres dix sols cinq deniers & un tiers au Lieutenant-colonel, tant pour leurs appointemens en leurdite qualité, que pour leur tenir lieu de ceux de Capitaine n'ayant plus de compagnie; huit sols au Major, six sols à l'Aide-major, quatre sols au Maréchal-des-logis, & deux sols six deniers à chacun des Aumônier & Chirurgien.

Colonel-lieutenant du régiment d'Infanterie du Roi.

Sa Majesté ayant réglé par son ordonnance du 20 février 1749, que la compagnie Colonelle de son régiment d'Infanterie, seroit conservée & commandée comme ci-devant par le Colonel-lieutenant, il ne sera payé en ladite qualité de Colonel, que sur le pied de huit sols d'appointemens par jour, indépendamment de ceux qu'il recevra comme Capitaine.

Colonel en second du régiment des Gardes de Lorraine.

Le sieur Chevalier de Beauveau, Colonel en second du régiment des Gardes de Lorraine, sera payé de ses appointemens, à raison de seize sols par jour.

Prevôté.

Les Officiers de la Prevôté des régimens où il y a Prevôté, servant dans les armées, seront payés sur le pied, par jour, de cinq sols au Prevôt, deux sols six deniers à son Lieutenant, deux sols au Greffier, & un sol à chacun des cinq Archers & à l'Exécuteur de Justice.

Les Commandans des ſecond, troiſième & quatrième bataillons des régimens où il y en a ce nombre, ſeront payés ſur le pied de trente ſols par jour chacun, ne devant point être attachés à aucune compagnie ; & les Aides-majors deſdits bataillons, & même le cinquième qui eſt dans le premier bataillon du régiment du Roi, recevront chacun ſix ſols par jour d'appointemens.

Commandans & Aides-majors de bataillons.

Les quatre Sous-aides-majors que Sa Majeſté a établis dans ſon régiment d'Infanterie, par ordonnance du 20 juillet 1753, continueront de recevoir les ſeize livres treize ſols quatre deniers par mois, réglés par ladite ordonnance, indépendamment de leurs appointemens de Lieutenans.

Quatre Sous-aides-majors du régiment d'Infanterie du Roi.

Les Officiers qui commandoient les bataillons, qui ont été réformés, par les réductions ordonnées dans l'Infanterie françoiſe en 1748 & 1749, recevront ſix ſols chacun par jour, qu'ils avoient en ladite qualité de Commandans de bataillon, juſqu'à ce qu'ils ſoient remplacés, & ce indépendamment des appointemens qui leur ſont ci-deſſus réglés, comme Capitaines d'une compagnie de Fuſiliers.

Appointemens conſervés aux anciens Commandans de bataillon.

Les Officiers réformés qui auront ordre de ſervir à la ſuite des régimens d'Infanterie françoiſe, ſeront payés lorſque les régimens ſeront en campagne, ſur le pied par jour de neuf ſols à chaque Colonel, huit ſols à chaque Lieutenant-colonel, cinq ſols à chaque Capitaine, & trois ſols à chaque Lieutenant, en paſſant préſens aux revûes des Commiſſaires des guerres.

Officiers réformés d'Infanterie françoiſe.

Les régimens d'Infanterie françoiſe & étrangère, qui ſervent dans les iſles de Minorque & de Corſe, continueront d'être payés de leur ſolde, ſur le pied réglé par l'ordonnance de ſolde d'hiver du 20 février dernier.

Régimens d'Infanterie ſervant dans les iſles de Minorque & de Corſe.

Le corps des Grenadiers de France, formé par ordonnance du 15 février 1749, compoſé de deux mille cent ſoixante hommes en quatre brigades de douze compagnies de quarante-cinq hommes chacune, ſera payé lorſqu'il ſervira en campagne, ſur le pied, ſavoir ; chacune des quarante-huit compagnies, outre le pain de munition

CORPS des GRENADIERS de FRANCE.

Compagnies.

qui ſera fourni aux Officiers & Grenadiers, à raiſon par jour de ſeize ſols au Capitaine, tant pour ſes appointemens, que pour lui tenir lieu des trois payes de gratification dont jouiſſent les Capitaines de Grenadiers des régimens d'Infanterie françoiſe, huit ſols au Lieutenant, ſix ſols au Lieutenant en ſecond, ſix ſols à chacun des deux Sergens, trois ſols neuf deniers à chacun des trois Caporaux, trois ſols ſix deniers à chacun des trois Anſpeſſades, & trois ſols à chacun des trente-ſix Grenadiers & un Tambour.

Supplément de ſolde aux Charpentiers.

Le Sergent, le Caporal & les onze Grenadiers entretenus en chacune des quatre brigades, ſous la dénomination de Charpentiers, continueront de recevoir le ſupplément de ſolde qui leur a été réglé par l'ordonnance du 15 août 1750, à raiſon par jour de deux ſols au Sergent, un ſol ſix deniers au Caporal, & un ſol à chaque Grenadier-charpentier.

Enſeignes.

L'Enſeigne qui eſt en chacune des quatre brigades, ſera payé ſur le pied de cinq ſols par jour.

Etat-major.

L'Etat-major dudit corps ſera payé ſur le pied par jour, ſavoir; de onze livres deux ſols deux deniers deux tiers à l'Inſpecteur commandant en chef, de trois livres ſix ſols huit deniers auſſi par jour au ſieur de Lanjamet commandant en ſecond dudit corps, lequel traitement ſera éteint du jour que ledit ſieur de Lanjamet n'y ſera plus employé; de ſeize ſols à chaque Colonel deſtiné à ſervir audit corps, d'une livre treize ſols quatre deniers à chaque Lieutenant-colonel, pour le temps ſeulement que leſdits Colonels & Lieutenans-colonels ſeront de ſervice audit corps en campagne; de douze ſols à chacun des quatre Sergens-majors, ſix ſols à chacun des quatre Aides-majors, & dix ſols à chacun des Tambours-majors & Fifre du corps.

CORPS ROYAL de l'ARTILLERIE & du GÉNIE.

LE Corps royal de l'Artillerie & du Génie, porté par ordonnance du premier décembre 1756, à ſix bataillons, ſix compagnies de Mineurs & ſix d'Ouvriers, chaque bataillon composé de huit cens hommes en ſeize compagnies de cinquante hommes chacune, dont deux de Sappeurs,

Sappeurs, neuf de Canonniers, & cinq de Bombardiers; ſera payé, ſavoir;

Chacune des deux compagnies de Sappeurs, ſur le pied, par jour, de vingt-huit ſols au Capitaine en pied, vingt-deux ſols au Capitaine en ſecond, vingt ſols au premier Lieutenant, dix-huit ſols au Lieutenant en ſecond, quatorze ſols à chacun des deux Sous-lieutenans, neuf ſols dix deniers à chacun des trois Sergens, ſept ſols à chacun des trois Caporaux, ſix ſols à chacun des trois Anſpeſſades, cinq ſols à chacun de neuf des quarante Sappeurs, trois ſols ſix deniers à chacun des trente-un autres Sappeurs, & cinq ſols au Tambour. *Compagnies de Sappeurs.*

Chacune des neuf compagnies de Canonniers par bataillon, ſera payée à raiſon, par jour, de vingt-huit ſols au Capitaine en pied, vingt-deux ſols au Capitaine en ſecond, vingt ſols au premier Lieutenant, dix-huit ſols au Lieutenant en ſecond, quatorze ſols à chacun des deux Sous-lieutenans, neuf ſols ſix deniers à chacun des trois Sergens, ſept ſols à chacun des trois Caporaux, ſix ſols à chacun des trois Anſpeſſades, cinq ſols à chacun de neuf des quarante Canonniers, trois ſols ſix deniers à chacun de neuf autres, trois ſols à chacun des vingt-deux autres Canonniers, & cinq ſols au Tambour. *Compagnies de Canonniers.*

Chacune des cinq compagnies de Bombardiers par bataillon, ſera payée ſur le pied, par jour, de vingt-huit ſols au Capitaine en pied, vingt-deux ſols au Capitaine en ſecond, vingt ſols au premier Lieutenant, dix-huit ſols au Lieutenant en ſecond, quatorze ſols à chacun des deux Sous-lieutenans, neuf ſols dix deniers à chacun des trois Sergens, ſept ſols à chacun des trois Caporaux, ſix ſols à chacun des trois Anſpeſſades, ſept ſols à chacun de deux du nombre des huit Artificiers-bombardiers, ſix ſols à chacun de trois autres, & cinq ſols à chacun des trois Artificiers-bombardiers reſtans: Entend Sa Majeſté que l'augmentation de paye ſoit donnée ſeulement à ceux d'entre eux qui ſe diſtingueront par leur zèle & capacité dans le métier, & non à la ſimple ancienneté du ſervice; cinq ſols à chacun *Compagnies de Bombardiers.*

de ſix du nombre des trente-deux Bombardiers, trois ſols ſix deniers à chacun des ſix autres, trois ſols à chacun des vingt Bombardiers reſtans, & cinq ſols au Tambour.

Payes de gratification des compagnies de Sappeurs, de Canonniers & de Bombardiers.

Il ſera de plus donné cinq ſols pour chacune des cinq payes de gratification, que Sa Majeſté accorde par jour au Capitaine de chaque compagnie de Sappeurs, de Canonniers & de Bombardiers, ſa compagnie étant au nombre de quarante-huit, quarante-neuf & cinquante hommes; quatre, ſa compagnie étant au nombre de quarante-cinq, quarante-ſix & quarante-ſept hommes; trois à quarante-deux, quarante-trois & quarante-quatre hommes; deux à trente-neuf, quarante & quarante-un hommes; une à trente-ſix, trente-ſept & trente-huit hommes; & rien au deſſous dudit nombre de trente-ſix hommes.

Etat-major.

L'Etat-major de chacun des ſix bataillons, compoſé d'un Colonel-commandant & d'un Lieutenant-colonel, qui n'ont point de compagnie, leſquels jouiront dans leur grade, des mêmes prérogatives que les Colonels & les Lieutenans-colonels en pied des régimens d'Infanterie en ſuivant le rang du corps; un Major, un Aide-major, un Sous-aide-major, un Aumônier & un Chirurgien; & il ſera payé, par jour, au Colonel-commandant, ſix livres treize ſols quatre deniers; au Lieutenant-colonel, cinq livres, tant pour leurs appointemens en leurdite qualité, que pour leur tenir lieu de ceux de Capitaine; trois livres au Major, quarante ſols à l'Aide-major, vingt ſols au Sous-aide-major, & quatre ſols à chacun des Aumônier & Chirurgien.

Compagnies de Mineurs.

Chacune des ſix compagnies de Mineurs, compoſée de ſoixante hommes, qui ſervira en campagne, ſéparément ou avec leſdits bataillons, outre le pain de munition qui ſera fourni aux Officiers & Soldats, ſera payée à raiſon, par jour, de cinq livres treize ſols au Capitaine en premier, quarante-huit ſols au Capitaine en ſecond, quarante-deux ſols au premier Lieutenant, une livre quatorze ſols au Lieutenant en ſecond, vingt-quatre ſols à chacun des deux Sous-lieutenans, ſeize ſols ſix deniers à chacun des quatre Sergens, douze ſols ſix deniers à chacun des quatre Caporaux, neuf ſols ſix deniers à chacun des quatre Anſpeſſades, huit ſols ſix deniers à chacun des vingt-quatre Mineurs, cinq ſols à chacun des vingt-deux Apprentiſs, & ſept ſols ſix deniers à chacun des deux Tambours; & ſept ſols pour chacune des ſept payes de gratification que Sa Majeſté accorde au Capitaine, ſa compagnie étant au nombre de cinquante-huit, cinquante-neuf & ſoixante hommes, ſix à cinquante-ſix & cinquante-ſept hommes, cinq à cinquante-quatre & cinquante-cinq hommes, quatre à cinquante-deux & cinquante-trois hommes, trois à cinquante & cinquante-un hommes, deux à quarante-neuf, une à quarante-huit hommes, & rien au deſſous dudit nombre de quarante-huit hommes.

Payes de gratification.

Compagnies d'Ouvriers.

Chacune des ſix compagnies d'Ouvriers dudit corps royal de l'Artillerie & du Génie, compoſée de quarante hommes, ſervant en campagne ſéparément ou avec leſdits bataillons, outre le pain de munition qui ſera fourni aux Officiers & Soldats, ſera payée ſur le pied, par jour, de cinq livres huit ſols au Capitaine, trente-deux ſols au premier Lieutenant, vingt-ſept ſols au ſecond Lieutenant, dix-neuf ſols au Sous-lieutenant, ſeize ſols à chacun des trois Maîtres-ouvriers, ſeize ſols à chacun des trois Sous-maîtres-ouvriers, treize ſols à chacun de ſeize des vingt-cinq Ouvriers, dix ſols à chacun des neuf autres Ouvriers, huit ſols à chacun des huit Apprentiſs & au Tambour; & dix ſols pour chacune des quatre payes de gratification que le Capitaine touchera, ſa compagnie étant au nombre de trente-huit, trente-neuf & quarante hommes, trois à trente-ſix & trente-ſept hommes, deux à trente-quatre & trente-cinq hommes, une ſeulement à trente-trois hommes, & rien au deſſous dudit nombre de trente-trois hommes.

Payes de gratification.

Maſſe de l'Infanterie françoiſe, du corps des Grenadiers de France, & du Corps royal de l'Artillerie & du Génie.

Outre la ſolde ci-deſſus de l'Infanterie françoiſe, du corps des Grenadiers de France, & des ſix bataillons, ſix compagnies de Mineurs, & ſix compagnies d'Ouvriers du corps royal de l'Artillerie & du Génie, il ſera payé vingt deniers, par jour, pour chaque Sergent & Maître-Ouvrier, & dix deniers pour chaque Caporal, Anſpeſſade, Grenadier, Fuſilier, Sappeur, Canonnier, Bombardier, Mineur, Sous-maître-ouvrier, Ouvrier, Apprentif & Tambour, pour former une maſſe toûjours complète, qui reſtera entre les mains des Tréſoriers généraux de l'extraordinaire des guerres & de l'Artillerie, ainſi qu'il eſt réglé par l'ordonnance du 20 février 1757.

Régimens de Grenadiers royaux de deux bataillons chacun.

Les Régimens de Grenadiers-royaux, tirés des bataillons de Milices, composés chacun de dix compagnies de cent dix hommes, ſeront payés, en ſervant en campagne, ſavoir;

Compagnie de Grenadiers.

Chaque compagnie formant deux troupes, l'une de Grenadiers, & l'autre de Grenadiers-poſtiches, à raiſon par jour, pour celle de Grenadiers composée de cinquante hommes, de quatre livres au Capitaine, trente-deux ſols au premier Lieutenant, vingt ſols au ſecond Lieutenant, ſix ſols à chacun des deux Sergens, trois ſols neuf deniers à chacun des trois Caporaux, trois ſols ſix deniers à chacun des trois Anſpeſſades, trois ſols à chacun des quarante-un Grenadiers, & cinq ſols au Tambour, qui, à ce moyen, entretiendra ſa caiſſe de peaux & de cordages, & ſe fournira de baguettes.

Compagnie de Grenadiers-poſtiches.

Et pour celle de Grenadiers-poſtiches, composée de ſoixante hommes, à raiſon de trois livres dix ſols par jour au Capitaine, vingt-cinq ſols au Lieutenant, cinq ſols à chacun des trois Sergens, trois ſols trois deniers à chacun des trois Caporaux, trois ſols à chacun des trois Anſpeſſades, deux ſols ſix deniers à chacun des cinquante Grenadiers-poſtiches, & quatre ſols au Tambour, qui, à ce moyen, entretiendra ſa caiſſe de peaux & de cordages, & ſe fournira de baguettes.

Pain de munition & la viande aux Sergens & Soldats.

Les Sergens, Caporaux, Anſpeſſades, Grenadiers, Grenadiers-poſtiches & Tambours, auront en campagne du pain de munition & de la viande, outre la ſolde ci-deſſus; au moyen de laquelle ils ſeront tenus de s'entretenir de linge & de chauſſure.

Seconds Lieutenans pour porter les drapeaux.

Il ſera payé vingt ſols par jour au ſecond Lieutenant entretenu aux Grenadiers-poſtiches des deux premières compagnies

compagnies de chacun desdits régimens, pour porter le drapeau.

E'tat-major de chaque régiment.

Les Colonels & Lieutenans-colonels, mis à la tête desdits régimens de Grenadiers-royaux, pour en avoir le commandement, sans être attachés à aucune compagnie, recevront par jour, savoir; le Colonel douze livres, & le Lieutenant-colonel dix livres, tant pour leurs appointemens en leurdite qualité, que pour leur tenir lieu de ceux de Capitaine.

A l'égard du Major & des deux Aides-majors entretenus en chacun desdits régimens, ils seront payés à raison, par jour, de six livres au Major, & de trois livres à chacun des deux Aides-majors de chaque régiment.

Pain de munition des Officiers des régimens de Grenadiers-royaux.

Les Officiers desdits régimens, auront la liberté de prendre le pain de munition suivant leur grade, proportionnément aux quantités réglées aux Officiers de l'Infanterie françoise, à la retenue de deux sols par ration sur les appointemens ci-dessus réglés.

TROUPES LE'GERES.

RÉGIMENS des VOLONTAIRES de FLANDRE & du HAYNAULT. Composition.

LE régiment des Volontaires de Flandre, & celui des Volontaires du Haynault, composés chacun, en conséquence de l'ordonnance du 25 mars 1757, de six compagnies de soixante-dix hommes chacune, dont trente de Cavalerie, au moyen d'une augmentation de dix hommes, créée par ladite ordonnance du 25 mars 1757, & quarante d'Infanterie, seront payés sur le pied, savoir;

Compagnies de soixante-dix hommes, dont trente à cheval & quarante à pied.

Chacune desdites compagnies de soixante-dix hommes, à raison, par jour, de cinq livres au Capitaine en pied ou titulaire.

Infanterie.

Pour la partie de l'Infanterie, cinquante sols au Capitaine en second de Fusiliers, trente-trois sols quatre deniers au Lieutenant, onze sols à chacun des deux Sergens, sept sols six deniers à chacun des trois Caporaux, six sols six deniers à chacun des trois Anspessades, & cinq sols six deniers à chacun des trente-un Fusiliers & au Tambour.

Cavalerie. Et pour la partie de la Cavalerie, trois livres au Capitaine en ſecond, deux livres dix ſols au Lieutenant, une livre ſix ſols huit deniers au Maréchal-des-logis, huit ſols à chacun des deux Brigadiers, & ſept ſols à chacun des vingt-ſept Cavaliers, & un Trompette ou Timbalier.

Payes de gratification. Le Capitaine titulaire recevra en outre pour ſa compagnie d'Infanterie, trois payes de gratification de cinq ſols ſix deniers chacune, lorſque ladite compagnie ſera complète de quarante hommes, deux à trente-neuf, une à trente-huit, & rien au deſſous dudit nombre de trente-huit hommes.

Etat-major de chacun des régimens des Volontaires de Flandre & des Volontaires du Haynault. L'Etat-major de chacun deſdits régimens, ſera payé ſur le pied par jour, ſavoir; de ſeize livres treize ſols quatre deniers au Colonel, dix livres au Lieutenant-colonel, leſquels ne doivent point avoir de compagnie; ſix livres au Major, trois livres ſix ſols huit deniers à l'Aide-major, trente ſols à l'Aumônier, & vingt ſols au Chirurgien.

Supplément d'appointemens aux Capitaines en ſecond de Cavalerie, qui ont eu Troupe. Entend Sa Majeſté que s'il reſte encore d'employés dans les compagnies à cheval de ces deux régimens, quelques Capitaines en ſecond de Cavalerie, qui aient été Capitaines de Cavalerie en pied, ils reçoivent, en attendant leur remplacement à des compagnies, trois livres ſix ſols huit deniers chacun par jour, au lieu des trois livres ci-deſſus attribuées aux Capitaines en ſecond de Cavalerie.

CORPS des VOLONTAIRES ROYAUX. Compoſition. LE corps des Volontaires-royaux, porté par ordonnance du 18 novembre 1756, à neuf cens cinquante hommes, en quinze compagnies, dont deux de Grenadiers de quarante-cinq hommes chacune, douze compagnies de ſoixante-dix hommes, dont quarante d'Infanterie & trente Dragons montés, & une compagnie d'Ouvriers de vingt hommes, ſera payé, ſavoir;

Compagnies de Grenadiers. Chacune des deux compagnies de Grenadiers, ſur le pied, par jour, de quatre livres au Capitaine, cinquante ſols au Lieutenant, quarante ſols au Lieutenant en ſecond, douze ſols à chacun des deux Sergens, huit ſols ſix deniers à chacun des trois Caporaux, ſept ſols ſix deniers à chacun des trois Anſpeſſades, ſix ſols ſix deniers à chacun des trente-ſix Grenadiers & au Tambour; & pareils ſix ſols ſix deniers pour chacune des trois payes de gratification que le Capitaine recevra par jour, ſa compagnie étant complète de quarante-cinq hommes, deux à quarante-quatre, une ſeulement à quarante-trois, & rien au deſſous dudit nombre de quarante-trois hommes.

Payes de gratification.

Chacune des douze compagnies de ſoixante-dix hommes de Fuſiliers & de Dragons, ſera payée à raiſon, par jour, de ſix livres au Capitaine titulaire; & pour la partie d'Infanterie, cinquante ſols au Capitaine en ſecond, trente-cinq ſols au Lieutenant, onze ſols à chacun des deux Sergens, ſept ſols ſix deniers à chacun des trois Caporaux, ſix ſols ſix deniers à chacun des trois Anſpeſſades, & cinq ſols ſix deniers à chacun des trente-un Fuſiliers & au Tambour. Le Capitaine titulaire recevra, outre ſes appointemens, trois payes de gratification de cinq ſols ſix deniers chacune pour ſa compagnie d'Infanterie lorſqu'elle ſera complète de quarante hommes, deux à trente-neuf, une à trente-huit, & rien au deſſous dudit nombre de trente-huit hommes.

Compagnies de ſoixante-dix hommes, dont quarante d'Infanterie & trente de Dragons montés.

Infanterie.

Payes de gratification.

Il ſera payé au Capitaine en ſecond des Dragons, trois livres par jour, quarante ſols au Lieutenant, une livre ſix ſols huit deniers au Maréchal-des-logis, huit ſols à chacun des deux Brigadiers, & ſept ſols à chacun des vingt-ſept Dragons & au Tambour.

Dragons.

La compagnie de vingt Ouvriers dudit corps des Volontaires-royaux, ſera payée à raiſon, par jour, de trois livres au Capitaine, vingt ſols au Lieutenant, douze ſols au Sergent, huit ſols à chacun des onze Charpentiers ou Forgerons, & ſept ſols à chacun des ſept Apprentifs & au Tambour. Le Capitaine recevra de plus deux payes de gratification, de ſept ſols chacune, ſa compagnie étant complète de vingt hommes; une paye & demie à dix-neuf, une ſeulement à dix-huit, & rien au deſſous dudit nombre de dix-huit hommes.

Compagnie de vingt Ouvriers.

Payes de gratification.

L'Etat-major dudit corps des Volontaires-royaux, ſera payé ſur le pied, par jour, de ſeize livres treize ſols quatre

Etat-major des Volontaires-royaux.

deniers au Colonel-commandant, tant pour ſes appointemens en ladite qualité, que pour lui tenir lieu de ceux de Capitaine, ne devant pas avoir de compagnie; ſix livres au Major, trois livres à l'Aide-major d'Infanterie, quatre livres à l'Aide-major de Dragons, trente ſols à chacun des Aumônier & Chirurgien, & vingt ſols au Prevôt.

Supplément d'appointemens au ſieur de Limoges.

Le ſieur de Limoges, qui ſert à la tête de ce corps, continuera de jouir des trente-trois ſols quatre deniers de ſupplément d'appointemens que Sa Majeſté lui a réglé par jour, indépendamment de ceux qu'il reçoit en ſa qualité de Capitaine en pied, lequel ſupplément d'appointemens lui étant perſonnel, il n'aura point lieu pour ceux qui lui ſuccèderont audit emploi.

CORPS des VOLONTAIRES du DAUPHINÉ. Compoſition.

LE corps des Volontaires du Dauphiné, compoſé par ordonnance du 20 mars 1749, de cent vingt hommes, formant ſix compagnies de vingt hommes chacune, dont cinq d'Infanterie & une de Dragons montés, ſera payé, ſavoir;

Compagnies d'Infanterie de vingt hommes.

Chacune des cinq compagnies d'Infanterie, ſur le pied, par jour, de trois livres ſix ſols huit deniers au Capitaine, quarante ſols au Capitaine en ſecond, ou à ſon défaut, vingt-deux ſols dix deniers au Lieutenant, onze ſols à chacun des deux Sergens, ſept ſols ſix deniers à chacun des deux Caporaux, ſix ſols ſix deniers à chacun des deux Anſpeſſades, & cinq ſols ſix deniers à chacun des treize Fuſiliers, Chaſſeurs ou Volontaires & au Tambour. Le Capitaine recevra en outre deux payes de gratification de cinq ſols ſix deniers chacune, ſa compagnie étant complète de vingt hommes, une ſeulement à dix-neuf, & rien au deſſous dudit nombre de dix-neuf hommes. Entend Sa Majeſté que les Capitaines en ſecond deſdites compagnies ſoient remplacés, à meſure que leurs emplois deviendront vacans, par des Lieutenans, aux appointemens ſeulement de vingt-deux ſols ſix deniers chacun par jour.

Payes de gratification.

Compagnies de vingt Dragons montés.

La compagnie de vingt Dragons ſera payée à raiſon, par jour, de quatre livres au Capitaine en pied, quarante ſols fols au Capitaine en fecond ou Lieutenant, vingt-fix fols huit deniers au Maréchal-des-logis, fept fols fix deniers à chacun des deux Brigadiers, & fix fols fix deniers à chacun des dix-fept Dragons & au Tambour.

E'tat-major.

L'Etat-major dudit corps, fera payé fur le pied, par jour, de huit livres fix fols huit deniers au Commandant en chef, tant pour fes appointemens en ladite qualité, que pour lui tenir lieu de ceux de Capitaine, ne pouvant être attaché à aucune compagnie, & trois livres à l'Aide-major.

Supplément d'appointemens aux fieurs Beringuier de Sabattier, Colonne & Lancize.

Les fieurs Beringuier de Sabattier, de Colonne & Lançize, qui ont tous trois rang de Lieutenans-colonels, & qui commandent chacun en qualité de Capitaines une des compagnies d'Infanterie dudit corps, recevront indépendamment de leurs appointemens de Capitaines d'Infanterie, chacun les trente-trois fols quatre deniers par jour dont ils jouiffent, à titre de fupplément d'appointemens que Sa Majefté leur a réglé par fon ordonnance du 10 novembre 1748; lequel traitement leur étant perfonnel, n'aura point lieu pour ceux qui leur fuccèderont auxdites compagnies.

CORPS des CANTABRES VOLONTAIRES.

Le corps des Cantabres volontaires, compofé de cent foixante hommes en quatre compagnies d'Infanterie de quarante hommes chacune, confervées fur pied par ordonnance du premier août 1749, fera payé, favoir;

Compagnies d'Infanterie de quarante hommes.

Chaque compagnie, fur le pied, par jour, de trois livres fix fols huit deniers au Capitaine en pied, quarante fols au Capitaine en fecond, ou à fon défaut, vingt-deux fols dix deniers au Lieutenant, onze fols à chacun des deux Sergens, fept fols fix deniers à chacun des trois Caporaux, fix fols fix deniers à chacun des trois Anfpeffades, & cinq fols fix deniers à chacun des trente-un Fufiliers & au Tambour; le Capitaine recevra de plus trois payes de gratification de cinq fols fix deniers chacune, fa compagnie étant complète de quarante hommes, deux à trente-neuf, une feulement à trente-huit, & rien au deffous dudit nombre de trente-huit hommes. Veut au furplus

Payes de gratification.

Sa Majesté que les places de seconds Officiers desdites compagnies ne soient remplies à mesure qu'elles deviendront vacantes, que par des Lieutenans aux appointemens de vingt-deux sols dix deniers chacun par jour, au lieu des quarante sols attribués aux Capitaines en second.

Etat-major. L'Etat-major dudit corps des Cantabres volontaires, établi par ordre particulier de Sa Majesté du 19 octobre 1756, sera payé sur le pied de huit livres six sols huit deniers par jour au Commandant, qui ne doit être attaché à aucune compagnie, & de trois livres à l'Aide-major.

CHASSEURS de FISCHER. LE corps des Chasseurs de Fischer, porté par ordonnance du 25 octobre 1756, à cinq cens hommes en neuf compagnies, dont cinq d'Infanterie de quarante hommes, & quatre à cheval de soixante-quinze hommes, sera payé, savoir ;

Compagnies à pied de quarante hommes. Chacune des cinq compagnies de Chasseurs à pied, à raison, par jour, de deux livres dix sols au Capitaine en second, vingt-deux sols six deniers au Lieutenant, vingt sols à chacun des deux Sergens, seize sols à chacun des trois Caporaux, quatorze sols à chacun des trois Anspessades, & dix sols à chacun des trente-deux Chasseurs, en passant présens aux revûes des Commissaires des guerres.

Compagnies à cheval de soixante-quinze hommes. Chacune des quatre compagnies de soixante-quinze Chasseurs à cheval, sera payée sur le pied, par jour, de trois livres au premier Capitaine en second, cinquante sols au second Capitaine en second, quarante sols au premier Lieutenant, trente-cinq sols au second Lieutenant, vingt-six sols huit deniers à chacun des deux Maréchaux-des-logis, seize sols à chacun des quatre Brigadiers, & dix sols à chacun des soixante-onze Chasseurs, en passant présens aux revûes.

Etat-major des Chasseurs de Fischer. L'Etat-major dudit corps sera payé sur le pied, par jour, de six livres treize sols quatre deniers au sieur Fischer, Commandant, pour ses appointemens tant en ladite qualité, qu'en celle de Capitaine en premier de chacune des compagnies à pied & à cheval, trois livres à l'Aide-major d'Infanterie, & pareilles trois livres à l'Aide-major des troupes à cheval. Entend Sa Majesté qu'au moyen du traitement ci-dessus, le Commandant du corps soit chargé de l'habillement, armement, équipement & entretien desdits cinq cens Chasseurs.

RÉGIMENT ÉTRANGER de BEYERLÉ.

Le régiment étranger de Beyerlé, ci-devant sous le nom de Geschray, composé suivant les ordonnances du 25 mars 1749 & premier février 1751, de cent vingt hommes, les Officiers compris, en quatre compagnies, dont deux d'Infanterie de quarante hommes chacune, & deux compagnies de vingt Dragons montés, sera payé, savoir;

Compagnies d'Infanterie de quarante hommes.

Chacune des deux compagnies d'Infanterie, sur le pied de quatre-vingt-dix livres par mois au Capitaine en premier, soixante livres au Capitaine en second ou Lieutenant, & treize livres, aussi par mois, à chacun des deux Sergens, un Capitaine-d'armes, trois Caporaux, trente-un Fusiliers & un Tambour; & pareilles treize livres par mois pour chacune des quatre payes de gratification que Sa Majesté accorde au Capitaine, sa compagnie étant complète de quarante hommes, trois payes à trente-neuf, deux à trente-huit, & aucune paye au dessous dudit nombre de trente-huit hommes.

Payes de gratification.

Compagnies à cheval de vingt hommes.

Chacune des deux compagnies de vingt Dragons à cheval, sera payée à raison de cinq livres par jour au Capitaine en pied, cinquante sols au Capitaine en second ou Lieutenant, neuf sols au Brigadier, & sept sols à chacun des dix-sept Dragons.

État-major.

L'état-major dudit régiment de Beyerlé sera payé sur le pied, par jour, de huit livres six sols huit deniers au Colonel, tant pour ses appointemens en ladite qualité, que pour lui tenir lieu de ceux de Capitaine, ne devant être attaché à aucune compagnie; & de quatre livres à l'Aide-major.

FUSILIERS de MONTAGNE.

Le corps de Fusiliers de Montagne, composé par ordonnance du 10 novembre 1748, de cent vingt hommes, en trois compagnies de quarante hommes, sera payé, en servant en campagne, savoir;

Compagnies.

Chaque compagnie sur le pied, par jour, de trois livres

au Capitaine en premier, cinquante ſols au Capitaine en ſecond, trente ſols au Lieutenant, quinze ſols à chacun des trois Brigadiers, onze ſols à chacun des trois Sous-brigadiers, & neuf ſols à chacun des trente-trois Fuſiliers & au Tambour.

Retenue pour l'habillement, équipement & armement.

Il ſera retenu pour l'habillement, équipement & armement deſdites trois compagnies, quatre ſols par jour ſur la ſolde de chaque Brigadier, trois ſols ſur celle de chaque Sous-brigadier, & deux ſols ſur celle de chaque Fuſilier & Tambour; mais comme cette retenue ne peut avoir lieu ſur la ſolde que pour le nombre d'hommes dont les compagnies ſe trouveront compoſées aux revûes des Commiſſaires des guerres, ce qui opèreroit un vuide au Capitaine dans les fonds deſtinés aux réparations de ſa troupe, & Sa Majeſté voulant y ſuppléer, Elle veut bien prendre ſur ſon compte les deux ſols affectés à l'habillement, équipement & armement de chacun des Fuſiliers qui manqueront aux revûes, afin que cela compoſe une ſomme toûjours égale, ſans avoir égard aux hommes qui pourroient manquer dans les compagnies, pour compoſer à la fin de l'année, une Maſſe complète ſur le pied ci-deſſus, laquelle demeurera entre les mains du Tréſorier général de l'Extraordinaire des guerres, pour être payée ſur la main-levée d'un Inſpecteur d'Infanterie; au moyen de quoi, chaque Capitaine ſera chargé de l'entretien général de ſa troupe.

Etat-major.

L'Etat-major dudit corps de Fuſiliers de Montagne, ſera payé à raiſon, par jour, de cinq livres au Commandant, tant pour ſes appointemens en ladite qualité, que pour lui tenir lieu de ceux de Capitaine, ne devant être attaché à aucune compagnie; & de deux livres dix ſols auſſi par jour à l'Aide-major.

VOLONTAIRES de SCHOMBERG.

Compoſition.

LE régiment de Cavalerie légère des Volontaires de Schomberg, ci-devant ſous le nom des Volontaires de Frieze, compoſé par ordonnance particulière du 8 janvier 1751, de trois cens ſoixante hommes, en ſix brigades de ſoixante hommes, non compris les Officiers & les Maréchaux-des-logis, ſera payé, ſavoir;

Chacune

Chacune des six brigades, composée de soixante hommes, à raison, par jour, de douze livres au Capitaine en premier, quatre livres seize sols huit deniers au Capitaine en second, trois livres six sols huit deniers au Lieutenant en premier, deux livres treize sols quatre deniers au Lieutenant en second, trente sols au Maréchal-des-logis, huit sols à chacun des quatre Brigadiers, sept sols à chacun des quatre Sous-brigadiers, six sols à chacun des cinquante-un Volontaires, & dix sols au Trompette. *Brigades.*

L'Etat-major dudit régiment, sera payé sur le pied, par jour, de trente-neuf livres six sols huit deniers au Mestre-de-camp, & dix-sept livres six sols huit deniers au Lieutenant-colonel, tant pour leurs appointemens en leurdite qualité, que pour leur tenir lieu de ceux de Capitaine, n'ayant point de compagnie; treize livres au Major, cinq livres dix sols à l'Aide-major, quarante-trois sols quatre deniers à chacun des Auditeur & Aumônier, trois livres au Chirurgien-major, trente sols au Maréchal-des-logis tenant lieu de Fourrier, quarante sols au Prevôt, pareils quarante sols au Timbalier & à chacun des quatre Hautbois, vingt-six sols huit deniers au maître Charpentier, & vingt-trois sols quatre deniers à chacun des six Charpentiers. *Etat-major du régiment des Volontaires de Schomberg.*

Au moyen du traitement ci-dessus réglé aux Capitaines chefs de brigades, Sa Majesté entend qu'ils ne puissent rien retenir sur la solde des Brigadiers, Sous-brigadiers, Volontaires & Trompettes, soit pour le ferrage des chevaux ou quelqu'autre chose que ce soit, qui demeurera à la charge desdits Capitaines. Ordonne de plus Sa Majesté qu'ils soient tenus de fournir par année à chacun des hommes de leur brigade, une paire de souliers, deux chemises, un col, & ce qu'il a été d'usage de leur donner jusqu'à présent, indépendamment de leur solde. *Pour le payement de la solde sans aucune retenue.*

La compagnie de Fusiliers-guides, créée par ordonnance du 26 décembre 1756, composée de vingt-cinq hommes, dont treize à pied & douze à cheval, sera payée à raison, par jour, de quatre livres au Capitaine, vingt-sept sols *Compagnie de Fusiliers-Guides.*

huit deniers au Lieutenant, vingt ſols au Lieutenant en ſecond, treize ſols à chacun des deux Sergens, dont un à cheval, dix ſols ſix deniers à chacun des deux Caporaux, dont un à cheval, huit ſols ſix deniers à l'Anſpeſſade, & ſix ſols ſix deniers à chacun des vingt Fuſiliers-guides, dont dix à cheval; le Capitaine recevra de plus deux payes de gratification de ſix ſols ſix deniers chacune, la compagnie étant complète de vingt-cinq hommes.

Payes de gratification.

Maſſe des Volontaires de Flandre, Volontaires du Haynault, Volontaires-royaux, Volontaires du Dauphiné, Cantabres-Volontaires, compagnies à cheval du régiment de Beyerlé, Volontaires de Schomberg, & compagnie de Fuſiliers-guides.

Outre la ſolde ci-deſſus réglée pour les corps de Troupes légères des Volontaires de Flandre, Volontaires du Haynault, Volontaires-royaux, Volontaires du Dauphiné, Cantabres-volontaires, Troupes à cheval du régiment étranger de Beyerlé, Volontaires de Schomberg, & compagnie de Fuſiliers-guides, il ſera payé vingt deniers par jour pour chaque Sergent, & dix deniers pour chaque Caporal, Anſpeſſade, Grenadier, Fuſilier, Ouvrier, Brigadier, Sous-brigadier, Volontaire, Cavalier, Dragon, Fuſilier-guide à pied ou à cheval, Trompette, Timbalier & Tambour, pour former une Maſſe toûjours complète par année, laquelle reſtera entre les mains du Tréſorier général de l'Extraordinaire des guerres, pour être délivrée & employée, comme il eſt réglé par l'ordonnance de ſolde du 20 février 1757.

INFANTERIE SUISSE ET GRISONNE.

SUISSES & GRISONS.

Compagnies.

LES compagnies des régimens Suiſſes & Griſons qui ont été ou ſeront mis à la ſolde de guerre, en vertu des ordonnances particulières que Sa Majeſté en a fait ou en fera expédier, recevront cette ſolde juſqu'à ce qu'Elle en ordonne autrement, ſur le pied de dix-ſept livres huit ſols pour chaque homme par mois, les Officiers compris, & pour chacune des trente-deux payes de gratification que Sa Majeſté accorde au Capitaine, à tel nombre d'hommes que ſa compagnie paſſe aux revûes des Commiſſaires des guerres, ſur laquelle ſolde il ſera retenu deux ſols pour chacune des rations de pain de munition, qui ſeront

Payes de gratification.

Retenue pour le pain.

fournies auxdites compagnies, suivant les revûes des Commissaires des guerres préposés à cet effet.

L'Etat-major de chacun des régimens Suisses & Grisons, qui sera à la paye de guerre, sera payé à raison de dix-neuf cent soixante livres huit sols par mois, au lieu de mille livres, aussi par mois, qu'il reçoit lorsque les régimens sont à la solde de paix. *E'tat-major.*

A l'égard de ceux desdits régimens, auxquels Sa Majesté n'aura point accordé d'ordre particulier pour être mis à la solde de guerre, ils continueront d'être payés en conformité de ce qui est réglé par l'ordonnance du 20 février 1757. *Solde de garnison.*

INFANTERIE E'TRANGE'RE.

ALLEMANDS. Douze régimens.

CEUX des régimens d'Infanterie Allemande d'Alsace, Bentheim, la Marck, Royal-Suédois, Royal-Bavière, Lowendal, Bergh, Nassau-Wzingen, du Prince Louis de Nassau-Saarbruck, la Dauphine, Saint-Germain, & Royal-Pologne, qui ont été ou seront mis à la solde de guerre, en vertu des ordonnances particulières que Sa Majesté en a fait ou fera expédier, recevront cette solde, jusqu'à ce qu'Elle en ordonne autrement, sur le pied de quatorze livres dix sols, par mois, par homme, & pour chacune des onze payes de gratification que Sa Majesté accorde à chaque Capitaine, sa compagnie étant complète au nombre de quatre-vingt-cinq hommes; neuf payes à quatre-vingt-trois, sept à quatre-vingt-un, cinq à soixante-dix-neuf, trois à soixante-dix-sept, deux à soixante-quinze, & rien au dessous dudit nombre de soixante-quinze hommes. *Solde de guerre. Payes de gratification.*

Chaque Capitaine doit entretenir & payer dans sa compagnie, un premier Sergent à treize sols par jour, deux autres Sergens à douze sols chacun, un Fourrier & un Capitaine d'armes à neuf sols chacun, un Fourrier-schutz à huit sols, trois Caporaux, un Charpentier de profession, & deux Tambours à sept sols chacun, six Anspessades & six Grenadiers à six sols chacun, & soixante-un Fusiliers

Retenue pour le pain. à cinq sols six deniers chacun; sur laquelle solde il sera retenu à chaque compagnie, deux sols par ration de pain de munition qui leur sera fourni pendant la campagne seulement, sans que les Officiers soient obligés d'en prendre.

Etat-major des régimens Allemands. Les Officiers des compagnies & de l'Etat-major de chacun desdits douze régimens d'Infanterie allemande, continueront d'être payés de leurs appointemens, en campagne, sur le pied réglé par l'ordonnance du 20 février 1757, pour les six premiers & les six derniers régimens.

Appointemens conservés aux anciens Commandans des bataillons réformés. Les Commandans des bataillons, qui ont été réformés en 1748 & 1749, & qui ont passé avec leur compagnie dans les bataillons restés sur pied, continueront de jouir, indépendamment de leur traitement de Capitaine, des mêmes appointemens de soixante livres par mois, qu'ils avoient en ladite qualité de Commandant de bataillon, & ce, jusqu'à ce qu'ils soient remplacés.

Seconds Capitaines en second du régiment Royal-Suédois. Les seconds Capitaines en second, & seconds Lieutenans en second, qui ont été conservés dans les compagnies du régiment Royal-Suédois, par ordonnances des 10 décembre 1748 & premier février 1749, & qui se trouveront y exister, recevront les appointemens qui leur ont été réglés à raison, par mois, de quatre-vingt-dix livres à chaque second Capitaine en second.

Colonels & Lieutenans-colonels réformés à la suite des douze regimens Allemands. Les Colonels & Lieutenans-colonels réformés à la suite desdits régimens d'Infanterie allemande, seront payés, en servant en campagne & en passans présens aux revûes des Commissaires des guerres, sur le pied, par mois, de cent livres à chaque Colonel, de quatre-vingt-trois livres six sols huit deniers à chaque Lieutenant-colonel, à l'exception de ceux desdits Colonels & Lieutenans-colonels auxquels il a été expédié des ordres par lesquels il leur est réglé un traitement particulier, dont ils continueront de jouir en campagne comme pendant l'hiver.

Capitaines réformés à la suite desdits douze régimens Allemands. A l'égard des Capitaines réformés qui serviront en campagne à la suite desdits régimens, ils seront payés, à raison de cinquante livres par mois.

Sa

Retenue pour la Masse des douze régimens Allemands.

Sa Majesté, en confirmant ce qu'Elle a prescrit par son ordonnance du 20 février 1757, concernant la retenue à faire sur la solde des quatre-vingt-cinq hommes dont chaque compagnie desdits douze régimens doit être composée, de trois livres par mois pour chaque homme lorsqu'ils servent à la solde de paix, & de quatre livres dix sols étant à la solde de guerre, pour former une Masse destinée à payer l'habillement & équipement des Soldats, Elle ordonne que ladite retenue ait lieu sur le pied de quatre livres dix sols par mois par homme, à compter du jour que les régimens ont été ou seront mis à la solde de guerre, pour être ladite retenue délivrée & employée comme il est expliqué & réglé par ladite ordonnance du 20 février 1757.

Régimens Étrangers de Bouillon & de Royal-deux-Ponts, & ceux d'Infanterie liégeoise de Vierzet & d'Horion.

Le régiment d'Infanterie de Bouillon, créé sur le pied étranger, par ordonnance du 18 janvier 1757, celui de Royal-deux-Ponts, créé par ordonnance du 19 février 1757, & ceux d'Infanterie liégeoise de Vierzet & d'Horion, créés par ordonnance du 25 mars 1757, continueront d'être payés de leur solde sur le pied réglé par les ordonnances des 20 février & 25 mars 1757; & dans le cas où Sa Majesté fera servir ces quatre régimens en campagne, ils jouiront de la paye de guerre à raison de quatorze livres dix sols par homme, par mois, en conséquence des ordres particuliers qu'Elle fera expédier à cet effet.

INFANTERIE ITALIENNE & CORSE.

Royal-Italien.

Le régiment Royal-italien, composé par ordonnance du 29 janvier 1757, de six cens quatre-vingt-cinq hommes en neuf compagnies, dont une de quarante-cinq Grenadiers, & huit de Fusiliers de quatre-vingts hommes chacune, sera payé en servant en campagne, savoir;

Compagnie de Grenadiers.

La compagnie de Grenadiers sur le pied, par jour, de trois livres au Capitaine, trente-deux sols au Lieutenant, vingt ſols au Lieutenant en ſecond, douze ſols ſix deniers au premier Sergent, huit ſols ſix deniers à chacun des deux autres Sergens, ſix ſols à chacun des trois Caporaux, cinq ſols à chacun des cinq Anſpeſſades, quatre ſols à chacun des trente-trois Grenadiers, & cinq ſols au Tambour. Le Capitaine recevra de plus ſix payes de gratification à quatre ſols chacune, ſa compagnie étant complète de quarante-cinq hommes, trois à quarante-quatre, une ſeulement à quarante-trois, & rien au deſſous dudit nombre de quarante-trois hommes.

Payes de gratification.

Compagnies de Fuſiliers.

Chacune des huit compagnies de Fuſiliers de quatre-vingts hommes, ſera payée à raiſon par jour de cinquante ſols au Capitaine en pied, trente ſols au Capitaine en ſecond, vingt ſols au premier Lieutenant, quinze ſols au Lieutenant en ſecond, douze ſols au premier Sergent, huit ſols à chacun des quatre autres Sergens, cinq ſols dix deniers à chacun des cinq Caporaux, quatre ſols ſix deniers à chacun des ſept Anſpeſſades, trois ſols neuf deniers à chacun des quinze Appointés, trois ſols ſix deniers à chacun des quarante-ſix Fuſiliers, & quatre ſols ſix deniers à chacun des deux Tambours. Le Capitaine recevra en outre dix payes de gratification de trois ſols ſix deniers chacune, ſa compagnie étant complète de quatre-vingts hommes, huit à ſoixante-dix-neuf, ſix à ſoixante-dix-huit, quatre à ſoixante-dix-ſept, deux à ſoixante-ſeize, une à ſoixante-quinze, & rien au deſſous dudit nombre de ſoixante-quinze hommes. Et attendu la décompoſition dudit régiment, qui a porté chacune des huit compagnies de Fuſiliers à ſoixante hommes, non compris l'augmentation ordonnée le 29 janvier 1757, Sa Majeſté entend que les Capitaines dont les compagnies ſe trouveront être encore audit nombre de ſoixante hommes, reçoivent ſept payes de gratification de trois ſols ſix deniers chacune, juſqu'à ce qu'elles ſoient au complet de quatre-vingts hommes, que les Capitaines toucheront les dix payes de gratification ci-deſſus fixées.

Payes de gratification des compagnies de quatre-vingts hommes.

Payes de gratification des compagnies qui n'auront que ſoixante hommes.

Capitaines

Les deux derniers Capitaines dudit régiment, qui par ſa

nouvelle compoſition ſe ſont trouvés ſans compagnie, & ſont attachés aux premières compagnies de Fuſiliers, où ils tiennent lieu de Capitaine en ſecond, recevront en ſervant en campagne, chacun cinquante ſols par jour, en attendant leur remplacement à des compagnies vacantes.

réformés qui ont eu Troupe.

Les Capitaines en ſecond ou réformés, actuellement attachés audit régiment Royal-Italien, qui ſe trouveront d'excédant au nombre de huit Capitaines en ſecond, ci-deſſus employés aux compagnies de Fuſiliers, y rempliront la troiſième place d'Officier, ſous le titre de ſecond Capitaine en ſecond, pour y tenir lieu de Lieutenant & en faire les fonctions, aux mêmes appointemens de trente ſols par jour ci-deſſus réglés aux Capitaines en ſecond; leſquelles places de ſeconds Capitaines en ſecond ne ſeront remplies, à meſure qu'elles deviendront vacantes, que par des Lieutenans aux appointemens de vingt ſols chacun par jour pendant qu'ils ſerviront en campagne.

Capitaines en ſecond ou réformés du régiment Royal-Italien.

Les deux Enſeignes dudit régiment ayant été ſupprimés par ladite ordonnance du 29 janvier 1757, les deux drapeaux ſeront portés par les Lieutenans en ſecond des compagnies auxquelles ils ſont attachés.

Lieutenans en ſecond pour porter les Drapeaux.

L'Etat-major dudit régiment, ſera payé ſur le pied par jour de quinze livres au Colonel & ſix livres au Lieutenant-colonel, tant pour leurs appointemens en leurdite qualité, que pour leur tenir lieu de ceux de Capitaine, ne devant être attachés à aucune compagnie; cinq livres au Major, pareilles cinq livres à l'Interprète, quarante ſols à l'Aide-major, quinze ſols au Maréchal-des-logis, vingt ſols à l'Aumônier, ſept ſols ſix deniers au Chirurgien, cinq ſols au Tambour-major, vingt ſols au Prevôt, dix ſols à ſon Lieutenant, ſix ſols trois deniers au Greffier, & quatre ſols deux deniers à chacun des cinq Archers & à l'Exécuteur de juſtice.

E'tat-major de Royal-Italien, avec Prevôté.

Les Commandans des ſecond & troiſième bataillons réformés dudit régiment Royal-Italien, qui ont paſſé avec leur compagnie dans le bataillon reſté ſur pied, continueront de jouir, indépendamment de leurs appointemens

Anciens Commandans de bataillon.

ci-dessus de Capitaine, des quarante sols qu'ils avoient chacun par jour en ladite qualité de Commandant de bataillon, & ce, jusqu'à ce qu'ils soient nommés à un grade dont le traitement ne sera point inférieur.

Capitaine réformé de Grenadiers du régiment Royal-Italien.

Le Capitaine réformé de la troisième compagnie de Grenadiers qui a été supprimée, recevra en servant audit régiment en campagne, trois livres par jour, jusqu'à ce qu'il soit pourvû d'un emploi qui lui procure les mêmes appointemens de six livres par jour dont il jouit pendant les six mois d'hiver.

ROYAL-CORSE.

Le régiment Royal-Corse, porté par ordonnance du 29 janvier 1757, à six cens quatre-vingt-cinq hommes, en neuf compagnies, dont une de quarante-cinq Grenadiers, & huit de Fusiliers de quatre-vingts hommes chacune, sera payé en servant en campagne, savoir;

Compagnie de Grenadiers.

La compagnie de Grenadiers, sur le pied, par jour, de trois livres au Capitaine, trente-deux sols au Lieutenant, vingt sols au Lieutenant en second, douze sols six deniers au premier Sergent, huit sols six deniers à chacun des deux autres, six sols à chacun des trois Caporaux, cinq sols à chacun des cinq Anspessades, quatre sols à chacun des trente-trois Grenadiers, & cinq sols au Tambour; le Capitaine recevra de plus six payes de gratification de quatre sols chacune, sa compagnie étant complète de quarante-cinq hommes, trois à quarante-quatre, une seulement à quarante-trois, & rien au dessous dudit nombre de quarante-trois hommes.

Payes de gratification.

Compagnies de Fusiliers.

Chacune des huit compagnies de Fusiliers, de quatre-vingts hommes, sera payée à raison par jour, de cinquante sols au Capitaine en pied, trente sols au Capitaine en second, vingt sols au Lieutenant en premier, quinze sols au Lieutenant en second, douze sols au premier Sergent, huit sols à chacun des quatre autres Sergens, cinq sols dix deniers à chacun des cinq Caporaux, quatre sols six deniers à chacun des sept Anspessades, trois sols neuf deniers à chacun des quinze Appointés, trois sols six deniers à chacun des quarante-six Fusiliers, & quatre sols six deniers à chacun des deux Tambours; le Capitaine recevra en outre dix

Payes de gratification.

dix payes de gratification de trois ſols ſix deniers chacune, ſa compagnie étant complète de quatre-vingts hommes, huit à ſoixante-dix-neuf, ſix à ſoixante-dix-huit, quatre à ſoixante-dix-ſept, deux à ſoixante-ſeize, une à ſoixante-quinze, & rien au deſſous dudit nombre de ſoixante-quinze hommes; & attendu la décompoſition dudit régiment, qui a porté chacune des huit compagnies de Fuſiliers à ſoixante hommes, non compris l'augmentation ordonnée le 29 janvier 1757, Sa Majeſté entend que les Capitaines dont les compagnies ſe trouveront encore audit nombre de ſoixante hommes, reçoivent ſept payes de gratification de trois ſols ſix deniers chacune, juſqu'à ce qu'elles ſoient au complet de quatre-vingts hommes que les Capitaines toucheront les dix payes de gratification ci-deſſus fixées.

des compagnies de quatre-vingts hommes.

Payes de gratification des compagnies qui n'auront que ſoixante hommes.

Les deux derniers Capitaines dudit régiment, qui par ſa nouvelle compoſition ſe ſont trouvés ſans compagnie, & ſont attachés aux premières compagnies de Fuſiliers, où ils tiennent lieu de Capitaine en ſecond, recevront en campagne chacun cinquante ſols par jour, en attendant leur remplacement à des compagnies vacantes.

Capitaines réformés qui ont eu Troupe.

Les deux Enſeignes du régiment ayant été ſupprimés par ladite ordonnance du 29 janvier 1757, les deux drapeaux ſeront portés par les Lieutenans en ſecond des compagnies auxquelles ils ſont attachés.

Lieutenans en ſecond pour porter les Drapeaux.

L'Etat-major dudit régiment, ſera payé ſur le pied, par jour, de quinze livres au Colonel, & ſix livres au Lieutenant-colonel, tant pour leurs appointemens en leurdite qualité, que pour leur tenir lieu de ceux de Capitaine, ne devant être attachés à aucune compagnie; cinq livres au Major, pareilles cinq livres à l'Interprète, quarante ſols à l'Aide-major, quinze ſols au Maréchal-des-logis, vingt ſols à l'Aumônier, ſept ſols ſix deniers au Chirurgien, & cinq ſols au Tambour-major.

Etat-major de Royal-Corſe.

Le Colonel en ſecond dudit régiment, ſera payé de ſes appointemens, en ſervant en campagne, ſur le pied de vingt ſols par jour, en paſſant préſent aux revûes des Commiſſaires des guerres.

Colonel en ſecond de Royal-Corſe.

Retenue pour l'habillement des Soldats de Royal-Italien & Royal-Corſe.

Entend Sa Majeſté que la retenue qui doit être faite de l'excédant de ſolde pour tenir lieu de Maſſe, & ſervir à l'habillement des Soldats des régimens Royal-Italien & Royal-Corſe, reſte entre les mains du Major de chaque régiment, pour être délivrée aux Capitaines, ainſi qu'il eſt réglé par l'ordonnance du 20 février 1757.

Officiers réformés.

Les Officiers réformés qui auront ordre de ſervir à la ſuite des régimens Royal-Italien & Royal-Corſe, ſeront payés en campagne, ſur le pied, par jour, de trois livres à chaque Colonel, quarante ſols à chaque Lieutenant-colonel, vingt-cinq ſols à chaque Capitaine, & quinze ſols à chaque Lieutenant, en paſſant préſens aux revûes des Commiſſaires des guerres.

RÉGIMENS IRLANDOIS & ÉCOSSOIS.

LES régimens d'Infanterie Irlandoiſe de Bulkeley, Clare, Dillon, Roth & Berwick, & de Royal-Écoſſois & d'Ogilvy, auſſi Écoſſois, portés par ordonnances des 15 juillet, 20 ſeptembre & 20 décembre 1756, à ſept cens cinq hommes chacun, en treize compagnies par régiment, dont une de quarante-cinq Grenadiers, & douze de Fuſiliers de cinquante-cinq hommes chacune, ſeront payés de leurs appointemens & ſolde, en ſervant en campagne, ſavoir ;

Compagnie de Grenadiers.

La compagnie de Grenadiers, de quarante-cinq hommes, de chacun deſdits ſept régimens, ſur le pied, par jour, de trois livres au Capitaine en pied, cinquante ſols au Capitaine en ſecond, trente-cinq ſols au Lieutenant, dix-huit ſols au Lieutenant en ſecond, dix ſols à chacun des deux Sergens, ſept ſols à chacun des trois Caporaux, ſix ſols ſix deniers à chacun des trois Anſpeſſades, & ſix ſols à chacun des trente-ſix Grenadiers & au Tambour ; le

Payes de gratification.

Capitaine recevra de plus trois payes de gratification de ſix ſols chacune, ſa compagnie étant complète de quarante-cinq hommes, deux à quarante-quatre, une ſeulement à quarante-trois, & rien au deſſous dudit nombre de quarante-trois hommes.

Compagnies de Fuſiliers.

Chacune des douze compagnies de Fuſiliers de chacun deſdits ſept régimens, compoſée de cinquante-cinq hommes, ſera payée à raiſon, par jour, de cinquante ſols au

Capitaine en pied, pareils cinquante ſols au Capitaine en ſecond, vingt-deux ſols ſix deniers au Lieutenant, dix-huit ſols au Lieutenant en ſecond, neuf ſols à chacun des trois Sergens, ſix ſols ſix deniers à chacun des trois Caporaux, ſix ſols à chacun des quatre Anſpeſſades, & cinq ſols ſix deniers à chacun des quarante-trois Fuſiliers & au Tambour; le Capitaine recevra de plus cinq payes de gratification de cinq ſols ſix deniers chacune, ſa compagnie étant complète de cinquante-cinq hommes, trois à cinquante-quatre, deux à cinquante-trois, une ſeulement à cinquante-deux, & rien au deſſous dudit nombre de cinquante-deux hommes.

Payes de gratification.

Chacun des deux Enſeignes pour porter les drapeaux qu'il y a dans chaque régiment d'Infanterie Irlandoiſe & Ecoſſoiſe, recevra dix-huit ſols d'appointemens par jour.

Enſeignes.

L'Etat-major de chacun des régimens de Bulkeley, Clare & Dillon-Irlandois, de Royal-Ecoſſois & d'Ogilvy, ſera payé ſur le pied, par jour, de neuf livres trois ſols quatre deniers au Colonel, & de cinq livres dix-huit ſols dix deniers deux tiers au Lieutenant-colonel, tant pour leurs appointemens en leurdite qualité, que pour leur tenir lieu de ceux de Capitaine, ne devant point avoir de compagnie; trois livres ſix ſols huit deniers au Major, cinq livres à l'Interprète, pareilles cinq livres au ſecond Interprète qui eſt dans Royal-Ecoſſois, provenant de l'incorporation du régiment d'Albanie, trente ſols à l'Aide-major, vingt ſols à l'Aumônier, & quinze ſols à chacun des Chirurgien & Maréchal-des-logis.

Etat-major des régimens de Bulkeley, Clare, Dillon, Royal-Ecoſſois, & d'Ogilvy.

L'Etat-major avec Prevôté de chacun des régimens d'Infanterie Irlandoiſe de Roth & Berwick, ſera payé à raiſon, par jour, de ſix livres cinq ſols au Colonel, & de cinq livres dix-huit ſols dix deniers & deux tiers au Lieutenant-colonel, tant pour leurs appointemens en leurdite qualité, que pour leur tenir lieu de ceux de Capitaine, ne devant être attachés à aucune compagnie; trois livres ſix ſols huit deniers au Major, cinq livres à l'Interprète, trente ſols à l'Aide-major, vingt ſols à l'Aumônier, quinze ſols au

Etat-major des régimens de Roth & Berwick, avec Prevôté.

Chirurgien, & douze ſols ſix deniers au Maréchal-des-logis, treize ſols quatre deniers au Prevôt, ſix ſols huit deniers à ſon Lieutenant, quatre ſols deux deniers au Greffier, & deux ſols ſix deniers à chacun des cinq Archers & à l'Exécuteur de juſtice.

Penſions des Colonels & Lieutenans-colonels des ſept régimens Irlandois & Ecoſſois.

Les Colonels & Lieutenans-colonels deſdits ſept régimens Irlandois & Ecoſſois, continueront de jouir chacun de la penſion attachée à leur charge, au moyen de quoi le Colonel de chaque régiment ne pourra rien retenir ſur la ſolde & maſſe des Sergens, Caporaux, Anſpeſſades, Grenadiers, Soldats & Tambours qui doivent recevoir leur paye entière, à la déduction ſeulement de ce qui ſera mis à la Maſſe pour leur habillement.

Officiers réformés à la ſuite des régimens Irlandois & Ecoſſois.

Les Officiers réformés qui auront ordre de ſervir en campagne à la ſuite deſdits régimens Irlandois & Ecoſſois, y ſeront payés de leurs appointemens, en paſſant préſens aux revûes des Commiſſaires des guerres, ſur le pied, par jour, de trois livres dix ſols à chaque Colonel & à chaque Lieutenant-colonel, cinquante ſols à chaque Capitaine, & dix-huit ſols à chaque Lieutenant; indépendamment de ceux des Officiers réformés qui ſe trouveront encore employés à la ſuite des régimens Royal Ecoſſois & d'Ogilvy, provenant de l'incorporation qui y a été faite de celui d'Albanie, leſquels ſeront payés, en paſſant préſens aux revûes des Commiſſaires des guerres, ſur le pied, en campagne, de la moitié des appointemens qui leur ont été réglés, par jour, par les ordonnances des 20 novembre 1748 & premier février 1751 : A l'égard des Colonels & Lieutenans-colonels auxquels il auroit été accordé des appointemens différens de ceux ci-deſſus fixés pour ces deux grades, ils en ſeront pareillement payés en campagne, ſur le pied, par jour, de la moitié de ceux qui leur ont été réglés par les ordres particuliers qui les ont attachés auxdits régimens, auſſi en paſſant préſens aux revûes des Commiſſaires des guerres.

Officiers réformés provenans de l'incorporation du régiment d'Albanie dans Royal-Ecoſſois & d'Ogilvy.

GENDARMERIE.

GENDARMERIE.

GARDES-DU-CORPS du ROI.

LES quatre compagnies des Gardes-du-corps de Sa Majesté, (à l'exception des détachemens qui restent de service sur le Guet,) outre le pain de munition & le fourrage qui leur seront fournis, seront payées pendant qu'elles serviront en campagne, sur le pied, par jour, de quatre livres dix sols à chaque Lieutenant, trois livres à chaque Enseigne, trente sols à chaque Exempt, Aide-major & Sous-aide-major, vingt sols à chaque Brigadier, dix-sept sols six deniers à chaque Sous-brigadier, quinze sols à chaque Garde, Trompette & Timbalier, quarante sols à chaque Aumônier, & vingt sols à chaque Chirurgien.

GRENADIERS à CHEVAL.

La compagnie de Grenadiers à cheval de Sa Majesté, de cent trente Grenadiers & quatre Tambours, outre le pain & le fourrage qui lui seront fournis en servant en campagne, sera payée sur le pied, par jour, de vingt-sept sols au Capitaine-lieutenant, dix-huit sols à chacun des trois Lieutenans, treize sols six deniers à chacun des trois Sous-lieutenans, neuf sols à chacun des trois Maréchaux-des-logis, sept sols à chacun des six Sergens, pareils sept sols à chacun des trois Brigadiers & six Sous-brigadiers, six sols à chacun des six Appointés & au Porte-étendard, cinq sols six deniers à chacun des cent huit Grenadiers & des quatre Tambours, & quarante sols à l'Aumônier.

GENDARMES & CHEVAUX-LÉGERS de la GARDE du ROI.

La Cornette de chacune des compagnies de Gendarmes & de Chevaux-légers de la garde de Sa Majesté, outre le pain & le fourrage qui lui seront fournis, en servant en campagne, sera payée sur le pied, par jour, de quinze sols à chaque Brigadier, Sous-brigadier, Gendarme, Chevau-léger, Trompette & Timbalier, vingt sols à l'Aumônier, & dix sols à chacun des Petits-officiers de chaque compagnie, servant à ladite Cornette. Les Officiers desdites compagnies continueront à être payés avec le Guet, de leurs appointemens ordinaires.

MOUSQUETAIRES de la GARDE du ROI.

Les détachemens des deux compagnies de Mousquetaires de la garde de Sa Majesté, outre le pain & le fourrage qui leur feront fournis en fervant en campagne, feront payés fur le pied, par jour, de vingt-trois fols à chaque Brigadier, dix-neuf fols à chaque Sous-brigadier, quinze fols à chaque Moufquetaire, vingt fols à l'Aumônier, douze fols à chaque Tambour, Chirurgien, Apoticaire, Fourrier, Sellier, & Maréchal-ferrant, & cinquante fols à chaque Joueur de hautbois, Sa Majefté faifant payer d'ailleurs les Officiers de ces compagnies qui commandent lefdits détachemens.

GENDARMERIE. *Grands Officiers des compagnies de Gendarmes.* *Compagnies de Gendarmes.*

Les Grands-officiers des dix compagnies de Gendarmes de la Gendarmerie, continueront à être payés fuivant les états que Sa Majefté fera expédier; & les Maréchaux-des-logis, Brigadiers, Sous-brigadiers, Porte-étendards, Gendarmes & Trompettes, feront payés, en fervant en campagne, fur le même pied de ceux des compagnies de Chevaux-légers, ainfi qu'il eft ci-après expliqué.

Compagnies de Chevaux-légers.

Chacune des fix compagnies de Chevaux-légers de ladite Gendarmerie, compofée d'un Capitaine-lieutenant, un Sous-lieutenant, deux Cornettes, quatre Maréchaux-des-logis, deux Brigadiers, deux Sous-brigadiers, un Porte-étendard, foixante-dix Chevaux-légers & deux Trompettes, outre le pain & le fourrage qui lui feront fournis en fervant en campagne, fera payée fur le pied, par jour, de quarante-cinq fols au Capitaine-lieutenant, dix-huit fols au Sous-lieutenant, treize fols fix deniers à chaque Cornette, neuf fols à chaque Maréchal-des-logis, fix fols à chaque Brigadier & Sous-brigadier, cinq fols au Porte-étendard, quatre fols fix deniers à chaque Chevau-léger, & cinq fols fix deniers à chaque Trompette.

Aumôniers & Timbaliers.

Il fera auffi payé, par jour, cinq fols fix deniers à chacun des huit Timbaliers entretenus dans les huit premières compagnies, & trente fols à chacun des deux Aumôniers qui font avec lefdites compagnies de Gendarmes & de Chevaux-légers.

Etat-major de la Gendarmerie.

Les Officiers de l'Etat-major de ladite Gendarmerie, étant payés de leurs appointemens à l'Ordinaire des guerres, il n'en fera point fait ici mention.

CAVALERIE, CARABINIERS, HUSSARDS & DRAGONS.

CHAQUE compagnie des régimens de Cavalerie françoise, servant en campagne, composée de quarante Maîtres, sera payée sur le pied par jour, de dix-huit sols au Capitaine, douze sols au Lieutenant, neuf sols au Cornette, six sols au Maréchal-des-logis, trois sols six deniers à chacun des deux Brigadiers, & trois sols à chacun des trente-huit Cavaliers, y compris le Trompette & le Timbalier, où il doit y en avoir.

CAVALERIE FRANÇOISE. Compagnies.

Le Sous-lieutenant qui est dans la compagnie Colonelle du régiment du Colonel-général de la Cavalerie, le Cornette-blanc qui est dans ladite compagnie, & le Cornette qui est en chacune des compagnies Mestre-de-camp des régimens du Mestre-de-camp-général & du Commissaire-général de la Cavalerie, recevront leurs appointemens sur le pied de douze sols par jour au Sous-lieutenant, & de neuf sols au Cornette-blanc & à chacun des deux autres; en observant que ces trois Cornettes tiennent lieu, dans chacune des compagnies où ils sont attachés, de celui établi par ordonnances des 8 septembre 1756 & 5 janvier 1757, en chaque compagnie de Cavalerie françoise.

Sous-lieutenant & Cornettes en charge dans les trois premiers régimens de Cavalerie.

Sa Majesté ayant conservé par ses ordonnances des premier septembre & 30 octobre 1748, les compagnies aux Mestres-de-camp des régimens du Colonel général, du Mestre-de-camp-général & du Commissaire-général de la Cavalerie; l'Etat-major de chacun desdits trois régimens sera payé sur le pied par jour, de dix-huit sols au Mestre-de-camp, outre ses appointemens de Capitaine; deux livres seize sols huit deniers au Lieutenant-colonel, tant pour ses appointemens en ladite qualité, que pour lui tenir lieu de ceux de Capitaine, ne devant point avoir de compagnie; dix-huit sols au Major, douze sols à l'Aide-major, & neuf sols à chacun des Aumônier & Chirurgien.

Etat-major des trois premiers régimens de la Cavalerie.

L'Etat-major de chacun des cinquante-deux autres régimens de Cavalerie françoise, sera payé à raison par

Etat-major des cinquante-deux

régimens de Cavalerie françoise. jour, de quatre livres au Mestre-de-camp, & deux livres seize sols huit deniers au Lieutenant-colonel, tant pour leurs appointemens en leurdite qualité, que pour leur tenir lieu de ceux de Capitaine, ne devant point avoir de compagnie; dix-huit sols au Major, douze sols à l'Aide-major, & neuf sols à chacun des Aumônier & Chirurgien.

Capitaines réformés de Cavalerie, ci-devant en pied. Les Capitaines de Cavalerie françoise, dont les compagnies se sont trouvées dans le cas de la réforme ordonnée les premier septembre, 30 octobre 1748 & 15 mars 1749, & qui ont été entretenus à la suite desdits régimens en qualité de Capitaines réformés jusqu'à leur remplacement, & qui en conséquence de l'ordonnance du 20 février 1757, doivent y servir toute l'année, seront payés de leurs appointemens, en campagne, sur le pied de trente sols par jour chacun, en passant présens aux revûes des Commissaires des guerres.

Officiers réformés à la suite des régimens de Cavalerie françoise. Les autres Officiers réformés avec appointemens, qui serviront aussi en campagne à la suite desdits régimens de Cavalerie françoise, seront payés à raison par jour, de trente-cinq sols à chaque Mestre-de-camp, vingt-cinq sols à chaque Lieutenant-colonel, quinze sols à chaque Capitaine, & dix sols à chaque Lieutenant, en passant présens aux revûes des Commissaires des guerres.

ROYAL des CARABINIERS. Compagnies. CHACUNE des quarante compagnies de quarante Maîtres, qui composent les cinq brigades du régiment Royal-des-Carabiniers, sera payée sur le pied par jour, de vingt-deux sols au Capitaine, quinze sols au Lieutenant, douze sols au Cornette, huit sols au Maréchal-des-logis, quatre sols six deniers à chacun des deux Brigadiers, & quatre sols à chacun des trente-huit Carabiniers, y compris le Trompette & le Timbalier, où il doit y en avoir.

Etat-major. Sa Majesté ayant, par son ordonnance du 30 octobre 1748, conservé les compagnies aux Chefs de brigades & aux Lieutenans-colonels desdites brigades, l'Etat-major de chacune des cinq brigades dudit régiment, sera payé en servant en campagne, à raison par jour de vingt-deux sols

ſols au Chef de brigade, & de quatorze ſols au Lieutenant-colonel, outre leurs appointemens de Capitaine, vingt-deux ſols au Major, quinze ſols à l'Aide-major, & dix ſols à chacun des Aumônier & Chirurgien.

FIITZJAMES.

Compagnies.

CHACUNE des huit compagnies du régiment de Cavalerie Irlandóiſe de Filtzjames, composée de quarante Maîtres, ſera payée à raiſon, par jour, de cinquante ſols au Capitaine, vingt-cinq ſols au Lieutenant, dix-huit ſols neuf deniers au Cornette, treize ſols quatre deniers au Maréchal-des-logis, ſix ſols à chacun des deux Brigadiers, & cinq ſols ſix deniers à chacun des trente-huit Cavaliers, y compris le Trompette & le Timbalier où il doit y en avoir.

E'tat-major.

L'E'tat-major dudit régiment, ſera payé ſur le pied, par jour, de quatre livres au Meſtre-de-camp, & de deux livres ſeize ſols huit deniers au Lieutenant-colonel, tant pour leurs appointemens en leurdite qualité, que pour leur tenir lieu de ceux de Capitaine, ne devant point avoir de compagnie; trois livres au Major, trente ſols à l'Aide-major, quinze ſols à l'Aumônier, & ſept ſols au Chirurgien.

Officiers réformés de Filtzjames.

Les Officiers réformés avec appointemens, tant des anciennes que des dernières réformes, qui ſont à la ſuite dudit régiment, où ils doivent ſervir toute l'année, ſeront payés en campagne ſur le pied, par jour, de trois livres un ſol à chaque Meſtre-de-camp, cinquante-huit ſols quatre deniers à chaque Lieutenant-colonel, quarante ſols à chaque Capitaine, & dix-neuf ſols ſix deniers à chaque Lieutenant, en paſſant préſens aux revûes des Commiſſaires des guerres.

ROYAL-ALLEMAND.

CHACUNE des huit compagnies qui compoſent le régiment Royal-Allemand, compoſée de quarante Maîtres, ſera payée ſur le pied, par jour, de trois livres au Capitaine, trente ſols au Lieutenant, vingt-deux ſols ſix deniers au Cornette, quinze ſols au Maréchal-des-logis, quatre ſols ſix deniers à chacun des deux Brigadiers, & trois ſols ſix deniers à chacun des trente-huit Cavaliers, y compris les Cadets, le Trompette & le Timbalier où il doit y en avoir. Il ſera de plus payé ſix deniers par jour, à chaque Cadet qui

Cadets.

paſſera en revûe dans le nombre deſdits Cavaliers, ſur le certificat du Commandant du régiment.

E'tat-major. L'E'tat-major dudit régiment, ſera payé ſur le pied, par jour, de trois livres ſix ſols huit deniers au Meſtre-de-camp, & de cinquante ſols à chacun des deux Lieutenans-colonels, outre leurs appointemens de Capitaine; quatre livres trois ſols quatre deniers à chacun des deux Majors, vingt-ſix ſols huit deniers à chacun des deux Aides-majors, treize ſols quatre deniers au Maréchal-des-logis, ſeize ſols huit deniers au Prevôt, treize ſols quatre deniers à ſon Lieutenant, dix ſols au Greffier, treize ſols quatre deniers à chacun des Aumônier & Chirurgien, & ſept ſols ſix deniers à chacun des quatre Archers & à l'Exécuteur de juſtice.

WIRTEMBERG & NASSAU-SAARBRUCK. Compagnies. LES huit compagnies de chacun des régimens de Cavalerie allemande de Wirtemberg & de Naſſau-Saarbruck, compoſées de quarante Maîtres chacune, feront payées ſur le pied par jour, pour chaque compagnie, de trois livres au Capitaine, trente ſols au Lieutenant, vingt-deux ſols ſix deniers au Cornette, treize ſols quatre deniers au Maréchal-des-logis, quatre ſols à chacun des deux Brigadiers, & trois ſols ſix deniers à chacun des trente-huit Cavaliers, y compris le Trompette & le Timbalier où il doit y en avoir.

E'tat-major du régiment de Wirtemberg. L'E'tat-major du régiment de Wirtemberg, ſera payé ſur le pied, par jour, de trois livres ſix ſols huit deniers au Meſtre-de-camp, quarante ſols au Lieutenant-colonel, outre leurs appointemens de Capitaine, cinq livres dix ſols au Major, trois livres à l'Aide-major, treize ſols quatre deniers à chacun des Aumônier, Chirurgien & Auditeur, & ſept ſols ſix deniers à chacun des Greffier, trois Archers & un Exécuteur de juſtice.

E'tat major du régiment de Naſſau-Saarbruck. L'E'tat-major du régiment de Cavalerie de Naſſau-Saarbruck, ſera payé ſur le pied, par jour, de trente-trois ſols quatre deniers au Meſtre-de-camp, vingt ſols au Lieutenant-colonel, outre leurs appointemens de Capitaine; trois livres ſix ſols huit deniers au Major, vingt-ſix ſols huit deniers à l'Aide-major, & neuf ſols à chacun des Aumônier & Chirurgien.

Lieutenans réformés, ci-devant en pied, & qui rempliſſent des places de Cornettes.

Les Lieutenans en pied, qui ont été compris dans les réformes ordonnées les 30 octobre 1748 & 15 mars 1749, dans les régimens Royal-Allemand, Wirtemberg & Naſſau-Saarbruck, & qui y rempliſſent des places de Cornettes, ſous le titre de Lieutenant en ſecond, continueront, en conſéquence de l'ordonnance du 8 ſeptembre 1756, de jouir des appointemens de réforme qui leur avoient été accordés en conſidération de l'ancienneté de leurs ſervices, & ce, indépendamment de ceux attachés auxdites places de Cornettes qu'ils rempliſſent, juſqu'à ce qu'ils ſoient remplacés Lieutenans en pied, & alors leurſdits appointemens de réforme demeureront éteints.

Officiers réformés à la ſuite des régimens Royal-Allemand, Wirtemberg & de Naſſau-Saarbruck.

Les Officiers réformés avec appointemens, tant des anciennes que des dernières réformes, entretenus à la ſuite deſdits trois régimens de Cavalerie allemande où ils doivent ſervir toute l'année, ſeront payés en campagne, ſur le pied, par jour, de trois livres à chaque Meſtre-de-camp & à chaque Lieutenant-colonel, trente ſols à chaque Capitaine, & quatorze ſols à chaque Lieutenant, en paſſant préſens aux revûes des Commiſſaires des guerres.

HUSSARDS.

LES trois régimens de Huſſards de Berchiny, Turpin & Polleresky, compoſés par ordonnance du 30 octobre 1756, de ſix cens hommes chacun, en huit compagnies de ſoixante-quinze hommes, ſeront payés, ſavoir;

Compagnies.

Chacune des huit compagnies par régiment, ſur le pied, par jour, de trois livres au Capitaine, trente ſols au premier Lieutenant, vingt-cinq ſols au ſecond Lieutenant, vingt-deux ſols ſix deniers au Cornette, treize ſols quatre deniers au Maréchal-des-logis, ſix ſols au Fourrier, quatre ſols ſix deniers à chacun des ſix Brigadiers, & trois ſols ſix deniers à chacun des ſoixante-huit Huſſards, y compris le Trompette & le Timbalier où il doit y en avoir.

Etat-major.

L'Etat-major de chacun deſdits régimens de Berchiny, Turpin & Pollereski, ſera payé ſur le pied, par jour, de ſix livres treize ſols quatre deniers au Meſtre-de-camp, & de cinq livres au Lieutenant-colonel, tant pour leurs appointemens en leurdite qualité, que pour leur tenir lieu de ceux de Capitaine, ne devant être attachés à aucune compagnie; trente-trois ſols quatre deniers au Lieutenant-colonel en ſecond, auſſi ſans compagnie, provenant de l'incorporation des trois régimens de Huſſards qui ont été ſupprimés par ordonnance du 30 octobre 1756; quatre livres cinq ſols au Major, trente ſols à l'Aide-major, & neuf ſols à chacun des Aumônier & Chirurgien.

Lieutenant-colonel en ſecond.

Capitaines en pied & Majors réformés à l'incorporation des trois régimens de Huſſards ſupprimés.

Les quatre Capitaines en pied & les trois Majors qui ont été réformés à l'incorporation des régimens de Lynden, Beauſobre & Ferrary, & ſont actuellement entretenus en qualité de Capitaines réformés à la ſuite des trois régimens de Huſſards qui ſont ſur pied, juſqu'à leur remplacement à des compagnies vacantes, recevront en ſervant en campagne, chacun cinquante ſols d'appointemens par jour, en paſſant préſens aux revûes des Commiſſaires des guerres.

Capitaines réformés, ci-devant entretenus à la ſuite des ſix régimens de Huſſards avant la ſuppreſſion de ceux de Lynden, Beauſobre & Ferrary, & qui continuent d'être entretenus à la ſuite des trois régimens reſtés ſur pied.

Les Capitaines réformés qui étoient à la ſuite des régimens de Huſſards de Lynden, Beauſobre & Ferrary avant l'incorporation, & qui ont été diſtribués dans Berchiny, Turpin & Polleresky, & tous ceux du même grade de Capitaine qui ſe ſont trouvés attachés à ces trois derniers régimens lors de ladite incorporation faite, ſeront payés en campagne, à raiſon chacun de trente ſols d'appointemens par jour, en paſſant préſens aux revûes.

Autres Officiers réformés à la ſuite des régimens de Huſſards.

Les autres Officiers réformés, auxquels il pourroit être expédié des ordres pour ſervir à la ſuite deſdits régimens, ſeront payés en campagne ſur le pied, par jour, de trois livres à chaque Meſtre-de-camp & Lieutenant-colonel, trente ſols à chaque Capitaine, & quatorze ſols à chaque Lieutenant, en paſſant préſens aux revûes des Commiſſaires des guerres.

RÉGIMENT des VOLONTAIRES LIÉGEOIS.

LE régiment de Cavalerie des Volontaires-Liégeois, ci-devant ſous le nom de Cavalerie légère de Raugrave, compoſé par ordonnance du 20 novembre 1756, de

trois

trois cens Maîtres en quatre compagnies de ſoixante-quinze hommes, ſera payé, ſavoir;

Compagnies.

Chacune des quatre compagnies, ſur le pied, par jour, de trois livres au Capitaine, trente ſols au Lieutenant en premier, vingt-cinq ſols au Lieutenant en ſecond, vingt-deux ſols ſix deniers au Cornette, treize ſols quatre deniers à chacun des deux Maréchaux-des-logis, ſix ſols au Fourrier, quatre ſols ſix deniers à chacun des ſix Brigadiers, & trois ſols ſix deniers à chacun des ſoixante-huit Volontaires, y compris le Trompette & le Timbalier où il doit y en avoir.

Etat-major.

L'Etat-major dudit régiment, ſera payé ſur le pied, par jour, de dix livres au Meſtre-de-camp, & cinq livres au Lieutenant-colonel, tant pour leurs appointemens en leurdite qualité, que pour leur tenir lieu de ceux de Capitaine, ne devant point avoir de compagnie; quatre livres cinq ſols au Major, trente ſols à l'Aide-major, & neuf ſols à chacun des Aumônier & Chirurgien.

Capitaines réformés des Volontaires-Liégeois.

Ceux des Capitaines réformés qui étoient entretenus à la ſuite dudit régiment avant l'augmentation ordonnée le 20 novembre 1756, qui y ſervent encore actuellement, ſeront payés en campagne à raiſon chacun de trente ſols d'appointemens par jour, en paſſant préſens aux revûes.

VOLONTAIRES de NASSAU-SAARBRUCK.

LE régiment de Volontaires de Cavalerie allemande de Naſſau-Saarbruck, créé par ordonnance du 18 novembre 1756, compoſé de trois cens Maîtres, en quatre compagnies de ſoixante-quinze hommes, ſera payé, ſavoir;

Compagnies.

Chacune des quatre compagnies dudit régiment, ſur le pied, par jour, de trois livres au Capitaine, trente ſols au Lieutenant en premier, vingt-cinq ſols au Lieutenant en ſecond, vingt-deux ſols ſix deniers au Cornette, treize ſols quatre deniers à chacun des deux Maréchaux-des-logis, ſix ſols au Fourrier, quatre ſols ſix deniers à chacun des ſix Brigadiers, & trois ſols ſix deniers à chacun des ſoixante-huit Volontaires, y compris le Trompette & le Timbalier où il doit y en avoir.

Etat-major.

L'Etat-major dudit régiment, ſera payé ſur le pied, par

jour, de trente-trois ſols quatre deniers au Prince de Naſſau-Saarbruck, en ſa qualité de Meſtre-de-camp, indépendamment de ſes appointemens de Capitaine de la première des quatre compagnies du régiment; cinq livres au Lieutenant-colonel, tant pour ſes appointemens en ladite qualité, que pour lui tenir lieu de ceux de Capitaine, ne devant être attaché à aucune compagnie; quatre livres cinq ſols au Major, trente ſols à l'Aide-major, neuf ſols à chacun des Aumônier & Chirurgien, & dix ſols au Prevôt.

DRAGONS.

CHACUN des ſeize régimens de Dragons, mis par ordonnance du 18 août 1755, à quatre eſcadrons de cent ſoixante hommes chacun, en quatre compagnies de quarante Dragons montés, faiſant en total ſix cens quarante hommes par régiment, ſera payé, ſavoir;

Compagnies.

Chacune des ſeize compagnies par régiment, composée de quarante hommes, ſur le pied, par jour, de quinze ſols au Capitaine, dix ſols au Lieutenant, ſix ſols au Cornette, cinq ſols au Maréchal-des-logis, trois ſols à chacun des deux Brigadiers, & deux ſols ſix deniers à chacun des trente-ſept Dragons & au Tambour.

Sous-lieutenant & Cornette en charge dans les deux premiers régimens de Dragons.

Le Sous-lieutenant & le Cornette, entretenus dans la compagnie Générale du régiment du Colonel-général des Dragons, & le Cornette auſſi entretenu dans la compagnie Meſtre-de-camp du régiment Meſtre-de-camp général, ſeront payés à raiſon, par jour, de huit ſols au Sous-lieutenant, & ſix ſols à chaque Cornette; en obſervant que ces deux Cornettes tiennent lieu dans les compagnies auxquelles ils ſont attachés, de ceux qui ont été établis par l'ordonnance du 5 janvier 1757, dans chacune des autres compagnies de Dragons.

Etat-major des Dragons.

L'Etat-major de chaque régiment de Dragons, ſera payé ſur le pied, par jour, de trente-trois ſols quatre deniers au Meſtre-de-camp, & quatre livres onze ſols huit deniers au Lieutenant-colonel, tant pour leurs appointemens en leurdite qualité, que pour leur tenir lieu de ceux de Capitaine, ne devant être attachés à aucune compagnie;

quinze sols au Major, dix sols à l'Aide-major, pareils dix sols au second Aide-major, & neuf sols à l'Aumônier.

Colonel-général & Mestre-de-camp - général des Dragons qui conservent leur compagnie.

Le Colonel général & le Mestre-de-camp général des Dragons, auxquels Sa Majesté a conservé leur compagnie, seront payés, pour leur Etat-major, sur le pied de trois livres quinze sols chacun par jour, indépendamment des appointemens qu'ils reçoivent comme Capitaine.

Seconds Aides-majors des Dragons.

Les places de seconds Aides-majors de Dragons ci-dessus, demeureront supprimées, & les appointemens éteints du jour que ces Officiers seront nommés à d'autres emplois.

Anciens Commandans des compagnies à pied.

Le Capitaine qui commandoit les quatre compagnies à pied de chaque régiment de Dragons, & qui a passé à une compagnie, continuera de recevoir, indépendamment de ses appointemens de Capitaine, deux livres trois sols quatre deniers par jour à titre de supplément d'appointemens, jusqu'à ce qu'il passe à un autre grade dont le traitement ne sera point inférieur; & celui qui lui succèdera à sa compagnie, ne recevra que les appointemens ordinaires de Capitaine.

Officiers réformés à la suite des régimens de Dragons.

Les Officiers réformés avec appointemens, qui auront ordre de servir à la suite des régimens de Dragons, seront payés en campagne, en passant présens aux revûes des Commissaires des guerres, sur le pied, par jour, de trente-cinq sols au Mestre-de-camp, vingt-cinq sols au Lieutenant-colonel, douze sols au Capitaine, & huit sols au Lieutenant.

Masse de la Cavalerie & des Dragons.

Outre la solde ci-dessus de la Cavalerie françoise & étrangère, & des Dragons, il sera payé dix deniers par jour pour chaque Fourrier, Brigadier, Cavalier, Carabinier, Hussard, Volontaire, Dragon, Trompette, Timbalier & Tambour, pour former une Masse toûjours complète par année, dont le fonds restera entre les mains du Trésorier général de l'Extraordinaire des guerres, pour être délivré & employé à la fin de chaque année, ainsi qu'il est réglé par l'ordonnance de solde du 20 février 1757.

Pour le payement de la

L'intention de Sa Majesté est que ce qui est ci-dessus réglé pour les Gardes, Gendarmes, Chevaux-légers, *solde sans aucune retenue pendant la campagne.*

Mousquetaires & Grenadiers à cheval, & pour les Sergens, Soldats, Gendarmes & Chevaux-légers de la Gendarmerie, Cavaliers, Carabiniers, Hussards & Dragons des troupes, tant françoises qu'étrangères, pendant qu'elles se trouveront en campagne, leur soit entièrement payé, sans que les Capitaines puissent en rien retenir, sous quelque prétexte que ce puisse être; au moyen de quoi Sa Majesté veut & entend que la retenue qu'Elle a prescrite par l'ordonnance de solde du 20 février 1757, d'un sol par jour sur celle de chaque Cavalier, Carabinier, Hussard & Dragon, pour rester entre les mains du Major, Aide-major ou autre Officier chargé du détail de chaque corps, pour leur être délivrée tous les trois mois, après que ledit Officier-major aura examiné s'ils sont fournis de linge, culotte, bas & souliers, n'ait lieu en temps de guerre, que pendant les six mois d'hiver, & jusqu'au temps que les régimens qui seront destinés à servir en campagne y entreront.

Pour le traitement des troupes dans les garnisons pendant la campagne.

Comme quelques-uns des régimens destinés à servir dans les armées, pourroient demeurer dans les Places pendant une partie de la campagne, Sa Majesté entend qu'ils y soient payés de leur solde d'hiver en conformité de l'ordonnance du 20 février 1757; que le pain soit fourni aux Sergens, Soldats, Cavaliers, Carabiniers, Hussards, Dragons, Trompettes, Timbaliers & Tambours, & qu'il soit retenu sur leur solde deux sols pour chaque ration.

Pain de munition aux Troupes.

SA MAJESTÉ voulant régler les quantités de rations de pain de munition qui seront fournies aux troupes destinées à servir dans ses Armées pendant la campagne prochaine, Elle ordonne que cette fourniture leur soit faite sur le pied ci-après,

SAVOIR:

GARDES-FRANÇOISES. Compagnies de Grenadiers.

A chaque compagnie de Grenadiers des quatre bataillons du régiment des Gardes françoises, qui serviront en campagne, composée de cent quatre Grenadiers, qui auront chacun une ration, & de six Sergens qui auront chacun deux rations, la

rations.

la quantité de cent ſeize rations de pain de munition par jour, (les Officiers n'en devant point avoir) ci . . . . 116.

Compagnies de Fuſiliers.

A chaque compagnie de Fuſiliers deſdits quatre bataillons du régiment des Gardes-françoiſes, qui ſerviront en campagne, compoſée de cent trente-quatre Fuſiliers qui auront chacun une ration, & de ſix Sergens qui auront chacun deux rations, la quantité de cent quarante-ſix rations de pain par jour (les Officiers n'en devant point avoir) ci . . . . 146.

GARDES-SUISSES. Compagnies.

A chacune des huit compagnies du régiment des Gardes-ſuiſſes, qui ſerviront en campagne, compoſée de deux cens hommes, les Officiers compris, la quantité de deux cens rations par jour, ci . . . . 200.

Retenue pour le pain de munition des Gardes-françoiſes & Suiſſes.

Pour lequel pain de munition ci-deſſus réglé pour les compagnies de Grenadiers & de Fuſiliers du régiment des Gardes-françoiſes, & compagnies du régiment des Gardes-ſuiſſes, il ſera retenu ſur la ſolde deſdites compagnies deux ſols par ration de pain qui leur ſera fournie, conformément au nombre d'hommes qui ſeront employés dans les revûes des Commiſſaires des guerres prépoſés à cet effet.

INFANTERIE FRANÇOISE, CORPS des GRENADIERS de FRANCE, CORPS ROYAL de l'ARTILLERIE & du GÉNIE, INFANTERIE ITALIENNE, IRLANDOISE & ECOSSOISE.

Il ſera fourni du pain de munition aux Officiers & Soldats des régimens d'Infanterie françoiſe; du Corps des Grenadiers de France; des ſix bataillons, ſix compagnies de Mineurs, & ſix compagnies d'Ouvriers du corps Royal de l'Artillerie & du Génie; & des régimens d'Infanterie Italienne, Irlandoiſe & Ecoſſoiſe, lorſqu'ils ſerviront en campagne, ſur le pied par jour, ſavoir;

rations.

Compagnies.

A chaque Capitaine en pied, ſix rations, ci. . . . . . 6.

A chaque Capitaine en ſecond, ci-devant en pied, provenant de la réforme de 1748, & qui tiennent lieu de Lieutenant dans les compagnies, pareil nombre de ſix rations, ci . . . . 6.

A chaque Capitaine en ſecond du Corps royal de l'Artillerie & du Génie, des régimens Royal-Italien & Royal-Corſe, & des régimens Irlandois & Ecoſſois, la quantité de cinq rations, ci . . . . 5.

A chaque Lieutenant des compagnies d'Infanterie françoiſe, des régimens Royal-Italien & Royal-Corſe, des

rations.

régimens Irlandois & Ecossois, & les premier & second Lieutenans des compagnies du Corps royal de l'Artillerie & du Génie, la quantité de quatre rations, ci . . . 4.

A chaque second Capitaine en second du régiment Royal-Italien, qui fait les fonctions de Lieutenant, pareille quantité de quatre rations, ci . . . . 4.

A chaque Lieutenant en second, Sous-lieutenant & Enseigne, trois rations, ci . . . . 3.

A chaque Sergent d'Infanterie & Maître-ouvrier, deux rations, ci . . . . 2.

A chaque Caporal, Anspessade, Sous-maître-ouvrier, Grenadier, Appointé, Fusilier, Sappeur, Canonnier, Bombardier, Mineur, Ouvrier, Apprentif & Tambour, une ration, ci . . . . 1.

Surnuméraires du régiment du Roi.

A chacun des trois cens quarante Surnuméraires qui sont entretenus, au-delà du complet, dans le régiment d'Infanterie de Sa Majesté, à raison de cinq hommes par compagnie, une ration, ci . . . . 1.

Etats-majors de l'Infanterie Françoise, &c.

L'Etat-major de chacun des régimens d'Infanterie Françoise, Italienne & Ecossoise, & de chacun des six bataillons du Corps royal de l'Artillerie & du Génie, en servant en campagne, recevront le pain de munition sur le pied par jour, savoir;

rations.

A chaque Colonel sans compagnie, dix-huit rations, ci . 18.

Au Colonel en second de chacun des régimens des Gardes de Lorraine & de Royal-Corse, quatorze rations, ci . 14.

A chaque Lieutenant-colonel sans compagnie, dix rations, ci . . . . 10.

A chaque Commandant des second, troisième & quatrième bataillons d'Infanterie Françoise, huit rations, ci . . . . 8.

A chaque Major, six rations, ci . . . . 6.

A chaque Aide-major, & à chacun des six Sous-aides-majors du Corps royal de l'Artillerie & du Génie, quatre rations, ci . . . . 4.

A chaque Maréchal-des-logis, trois rations, ci . . . . . 3.

A chaque Aumônier & Chirurgien, deux rations, ci . . 2.

Au Tambour-major de chacun des régimens Royal-Italien & Royal-Corse, une ration, ci . . . . 1.

rations.

Au Colonel-lieutenant du régiment d'Infanterie de Sa Majesté, auquel la compagnie a été conservée, douze rations de pain par jour, outre celles qui lui sont attribuées comme Capitaine, ci . . . . 12. *Colonel-lieutenant du régiment du Roi.*

Aux quatre Maîtres, pour enseigner, du régiment d'Infanterie de Sa Majesté, la quantité de seize rations, à raison de quatre à chacun, ci . . . . 16. *Maîtres à enseigner du régiment du Roi.*

La Prevôté de chacun des régimens d'Infanterie Françoise où il y en a, de Royal-Italien, & de Roth & Berwick Irlandois, aura du pain de munition en servant en campagne, sur le pied par jour, savoir; *Prevôtés.*

rations.

Au Prevôt, quatre rations, ci. . . . . 4.

A son Lieutenant, trois rations, ci. . . . . 3.

Au Greffier, deux rations, ci. . . . . 2.

A chacun des cinq Archers & à l'Exécuteur de Justice, une ration, ci. . . . . 1.

L'Etat-major du corps des Grenadiers de France, recevra le pain de munition, en servant en campagne, sur le pied par jour, savoir; *Etat-major des Grenadiers de France.*

rations.

A l'Inspecteur commandant en chef, vingt-quatre rations, ci. . . . . 24.

Au Commandant en second du corps, dix-huit rations, ci. . . . . 18.

A chaque Colonel attaché au corps, qui servira en campagne, seize rations par jour, ci. . . . . 16.

A chaque Lieutenant-colonel, dix rations, ci. . . . . . . 10.

A chacun des quatre Sergens-majors, six rations, ci. . . 6.

A chacun des quatre Aides-majors, quatre rations, ci. . . 4.

Au Tambour-Major & au Fifre desdits Grenadiers de France, chacun une ration, ci. . . . . 1.

Les Officiers réformés d'Infanterie Françoise, Italienne, Irlandoise & Ecossoise, qui serviront en campagne à la suite desdits régimens, recevront le pain de munition sur le pied par jour, savoir; *Officiers réformés d'Infanterie.*

rations.

A chaque Colonel & Lieutenant-colonel, six rations, ci. . 6.

rations.

A chaque Capitaine, quatre rations, ci. . . . . 4.

A chaque Lieutenant, deux rations, ci. . . . . 2.

Milice & Régimens des Grenadiers-royaux.

Les compagnies des régimens de Grenadiers-royaux, & celles des bataillons de Milice, qui serviront en campagne, auront du pain de munition sur le pied, par jour, savoir;

rations.

A chaque Sergent, deux rations, ci. . . . . 2.

A chaque Caporal, Anspessade, Grenadier, Grenadier-postiche, Fusilier & Tambour, une ration, ci. . . . . . 1.

Pain des Officiers de Grenadiers-royaux & de Milice.

Les Officiers des régimens de Grenadiers-royaux & des bataillons de Milice, en servant en campagne, auront la liberté de prendre du pain de munition, suivant leur grade, aux mêmes quantités de rations ci-dessus réglées pour les Officiers de l'Infanterie françoise; mais il sera retenu sur leurs appointemens, deux sols pour chaque ration qui leur sera fournie.

rations.

Suisses & Grisons.

Compagnies.

Retenue pour le pain.

Chacune des compagnies des régimens Suisses & Grisons, qui serviront en campagne, composée de cent vingt hommes, y compris les Officiers, recevra cent vingt rations de pain par jour, & il sera retenu sur la solde deux sols pour chaque ration qui lui sera fournie, suivant les revûes des Commissaires des guerres, ci. . . 120.

Douze régimens d'Infanterie allemande, le régiment étranger de Boüillon & deux régimens d'Infanterie liégeoise.

Compagnies.

Retenue pour le pain.

Les compagnies des douze régimens d'Infanterie Allemande d'Alsace, Bentheim, la Marck, Royal-Suédois, Royal-Bavière, Lowendal, Bergh, Nassau-Wzingen, du Prince Louis de Nassau-Saarbruck, la Dauphine, Saint-Germain & Royal-Pologne, du régiment étranger de Boüillon, créé par ordonnance du 18 janvier 1757, & des régimens d'Infanterie liégeoise de Vierzet & d'Horion, créés par ordonnance du 25 mars 1757, composées de quatre-vingt-cinq hommes chacune, non compris les Officiers, recevront le pain de munition, en servant en campagne, sur le pied de quatre-vingt-cinq rations par jour à chaque compagnie, (les Officiers en pied ou réformés à la suite desdits régimens, n'en devant point avoir) dont la retenue sera faite sur la solde, à raison de deux sols pour chacune des rations qui seront fournies auxdites compagnies, suivant les revûes des Commissaires des guerres, ci. . . . . 85.

Chacune

rations.

Chacune des dix-huit compagnies du régiment Royal-deux-Ponts, d'Infanterie allemande, créé par ordonnance du 19 février 1757, composée de cent treize hommes, non compris les Officiers, recevra le pain de munition, en servant en campagne, sur le pied de cent treize rations par jour, (les Officiers n'en devant point avoir) dont la retenue sera faite sur la solde, à raison de deux sols pour chaque ration qui sera fournie aux compagnies, suivant les revûes des Commissaires des guerres, ci. . . 113.

ROYAL-DEUX-PONTS. Compagnies.

Retenue pour le pain.

GENDARMERIE.

LES Cornettes des quatre compagnies des Gardes-du-Corps de Sa Majesté, auront le pain de munition, en servant en campagne, sur le pied par jour, savoir;

GARDES-DU-CORPS du ROI.

rations.

A chaque Lieutenant & Enseigne, six rations, ci. . . . . 6.

A chaque Exempt & Aide-major qui auront rang d'Enseigne, pareille quantité de six rations, ci . . . . 6.

A chaque Exempt, Aide-major & Sous-aide-major, quatre rations, ci . . . . 4.

A chacun des quatre Aumôniers, deux rations, ci . . . 2.

A chaque Brigadier, Sous-brigadier, Garde-du-Corps, Trompette, Timbalier & Chirurgien, une ration, ci . 1.

La Cornette de la compagnie des Gendarmes & celle de la compagnie des Chevaux-légers de la garde de Sa Majesté, auront du pain de munition, en servant en campagne, sur le pied par jour, savoir;

GENDARMES & CHEVAUX-LÉGERS de la GARDE du ROI.

rations.

A chaque Capitaine-lieutenant, douze rations, ... 12.

A chaque Sous-lieutenant, six rations, ci . . . . 6.

A chaque Enseigne, Guidon & Cornette, trois rations, ci . . . . 3.

A chaque Aide-major, Maréchal-des-logis & Aumônier, deux rations, ci . . . . 2.

A chaque Brigadier, Sous-brigadier, Porte-étendard, Sous-aide-major, Gendarme, Chevau-léger, Trompette, Timbalier, Chirurgien, Apoticaire, Fourrier, Sellier & Maréchal ferrant, une ration, ci . . . . 1.

Les détachemens des deux compagnies de Mousquetaires

MOUSQUETAIRES de la GARDE du ROI.

de la garde de Sa Majesté, auront le pain de munition, en servant en campagne, sur le pied par jour, savoir;

	rations.
A chaque Sous-lieutenant, Enseigne & Cornette, six rations, ci	6.
A chaque Maréchal-des-logis, dont deux font les fonctions d'Aide-major, deux rations, ci	2.
A chaque Aumônier, deux rations, ci	2.
A chaque Brigadier, Sous-brigadier, dont deux font les fonctions de Sous-aide-major, Porte-étendard, Mousquetaire, Tambour, Chirurgien, Apoticaire, Fourrier, Sellier & Maréchal-ferrant, une ration, ci	1.

Grenadiers à cheval.

La compagnie des Grenadiers à cheval de Sa Majesté, recevra le pain de munition, en servant en campagne, sur le pied par jour, savoir;

	rations.
Au Capitaine-lieutenant, six rations, ci	6.
A chaque Lieutenant, quatre rations, ci	4.
A chaque Sous-lieutenant, trois rations, ci	3.
A chaque Maréchal-des-logis & à l'Aumônier, deux rations, ci	2.
A chaque Sergent, Brigadier, Sous-brigadier, Appointé, Porte étendard, Grenadier à cheval & Tambour, une ration, ci	1.

Gendarmerie. Compagnies de Gendarmes & de Chevaux-légers.

Les dix compagnies de Gendarmes, & les six compagnies de Chevaux-légers de la Gendarmerie, recevront le pain de munition, en servant en campagne, sur le pied par jour, savoir;

	rations.
A chaque Capitaine-lieutenant, dix rations, ci	10.
A chaque Sous-lieutenant, quatre rations, ci	4.
A chaque Enseigne, Guidon & Cornette, trois rations, ci	3.
A chaque Maréchal-des-logis, deux rations, ci	2.
A chaque Brigadier, Sous-brigadier, Porte-étendard, Gendarme, Chevau-léger, Trompette, & à chacun des huit Timbaliers de ladite Gendarmerie, une ration, ci	1.
Etat-major de la Gendarmerie. Au Major, douze rations, ci	12.

rations.

A l'Aide-major, huit rations, ci . . . . 8.

A chacun des deux Sous-aides-majors, six rations, ci . . 6.

A chacun des deux Aumôniers de ladite Gendarmerie, deux rations, ci . . . . 2.

CAVALERIE FRANÇOISE ET E'TRANGE'RE, CARABINIERS & DRAGONS.

Cavalerie & Dragons.

Les compagnies des régimens de Cavalerie françoise, de Royal-des-Carabiniers, de la Cavalerie étrangère, de Hussards & de Dragons, qui serviront en campagne, recevront le pain de munition sur le pied par jour, savoir;

Compagnies.

rations.

A chaque Capitaine en pied & à chaque Capitaine réformé en 1748 & 1749, qui a eu troupe, six rations, ci . . 6.

A chaque Lieutenant & au Sous-lieutenant en charge qui est en chacune des compagnies Colonelle des régimens du Colonel-général de la Cavalerie & du Colonel-général des Dragons, quatre rations, ci . . . . 4.

A chaque Cornette, trois rations, ci. . . . . 3.

A chaque Maréchal-des-logis, deux rations, ci . . . . . 2.

A chaque Fourrier, Brigadier, Cavalier, Carabinier, Volontaire, Hussard, Dragon, Trompette, Timbalier & Tambour, une ration, ci . . . . 1.

E'tats-majors de la Cavalerie & des Dragons.

Les Officiers des Etats-majors desdits régimens de Cavalerie & de Dragons, qui serviront en campagne, recevront le pain de munition sur le pied par jour, savoir;

rations.

A chaque Mestre-de-camp & chef de brigade du régiment Royal-des-Carabiniers, auxquels Sa Majesté a conservé les compagnies, douze rations, indépendamment de celles qu'ils reçoivent comme Capitaine, ci . 12.

A chaque Lieutenant-colonel, auquel Sa Majesté a pareillement conservé sa compagnie, y compris le second Lieutenant-colonel qui est dans le régiment Royal-Allemand, quatre rations, outre celles qui lui sont attribuées comme Capitaine, ci . . . . 4.

A chaque Mestre-de-camp sans compagnie, dix-huit rations, ci . . . . 18.

rations.

A chaque Lieutenant-colonel, aussi sans compagnie, dix rations, ci . . . . 10.

Au Lieutenant-colonel en second qui est entretenu en chacun des trois régimens de Hussards, huit rations, ci. 8.

Au Major du régiment de Wirtemberg, huit rations, ci. . 8.

A chaque Major, dont deux dans Royal-Allemand, six rations, ci . . . . 6.

A chaque Aide-major, dont deux au même régiment Royal-Allemand, quatre rations, ci . . . . 4.

A chaque second Aide-major des régimens de Dragons, quatre rations, ci . . . . 4.

A chaque Aumônier & Chirurgien dans la Cavalerie, & à l'Aumônier seulement dans les Dragons, deux rations, ci . . . . 2.

ROYAL-ALLEMAND. Dans le régiment Royal-Allemand, deux rations au Maréchal-des-logis de l'Etat-major, ci. . . . . 2.

Prevôté. Au Prevôt dudit régiment, quatre rations, ci . . . . 4.

A son Lieutenant, trois rations, ci. . . . . 3.

Au Greffier, deux rations, ci . . . . 2.

A chacun des quatre Archers & à l'Exécuteur de justice une ration, ci . . . . 1.

Pour les femmes & enfans dudit régiment Royal-Allemand, la quantité de soixante rations de pain par jour, ci . . . . 60.

WIRTEMBERG. Prevôté. Dans le régiment de Wirtemberg, quatre rations par jour à l'Auditeur, ci . . . . 4.

Au Greffier, deux rations, ci . . . . 2.

A chacun des trois Archers & à l'Exécuteur de justice, une ration, ci . . . . 1.

VOLONTAIRES du RÉGIMENT de NASSAU-SAARBRUCK. Prevôté. Au Prevôt du régiment de Cavalerie allemande des Volontaires de Nassau-Saarbruck, trois rations, ci . . . . 3.

Officiers réformés de Cavalerie. Les Officiers réformés avec appointemens à la suite des régimens de Cavalerie Françoise & Etrangère, de Hussards & de Dragons, auront du pain de munition, en servant en campagne, sur le pied par jour, savoir;

rations.

A chaque Mestre-de-camp & à chaque Lieutenant-colonel, six rations, ci . . . . 6.

A chaque

	rations.
A chaque Capitaine, quatre rations, ci	4.
A chaque Lieutenant, deux rations, ci	2.

L'intention de Sa Majesté est que la fourniture du pain de munition soit faite à ses troupes d'Infanterie, à celles de sa Maison, à la Gendarmerie, à la Cavalerie françoise & étrangère, Carabiniers, Hussards & Dragons, pendant qu'elles serviront en campagne, conformément au règlement ci-dessus, & sur les états particuliers que Sa Majesté en fera expédier; en observant que ladite fourniture de pain ne doit être faite que pour le nombre d'hommes présens & effectifs aux revûes des Commissaires des guerres préposés à cet effet.

VIANDE.

La viande sera fournie sur le pied d'une demi-livre par jour, même les 31 des mois de mai, juillet, août & octobre, à l'exception des vendredis, aux Sergens, Soldats & Tambours de l'Infanterie françoise, sans aucune retenue sur la solde de campagne.

Elle sera aussi fournie aux Sergens & Soldats de l'Infanterie Allemande, Italienne, Irlandoise & Ecossoise, mais il sera retenu pour chaque livre de viande, deux sols onze deniers sur la solde de ladite Infanterie étrangère.

Dans le cas où les régimens Suisses & Grisons serviront en campagne, ils recevront la fourniture de la viande sur le même pied d'une demi-livre pour chaque homme, & la retenue leur en sera faite à raison de deux sols onze deniers la livre; entendant Sa Majesté que cette fourniture n'ait lieu, pour chaque compagnie, que sur le pied de cent quinze hommes, les Officiers n'en devant point avoir.

La viande sera pareillement fournie aux Brigadiers, Cavaliers, Carabiniers, Hussards, Dragons, Timbaliers, Trompettes & Tambours, & il sera retenu pour chaque livre de viande, trois sols cinq deniers sur leur solde.

USTENSILE.

La Masse des six mois de campagne, qui étoit autrefois comprise dans l'ustensile que Sa Majesté accordoit à ses troupes d'Infanterie & de Cavalerie, en ayant été supprimée par l'ordonnance de ſolde du premier novembre 1745; attendu que Sa Majeſté y a pourvû par la même ordonnance, au moyen d'un fonds particulier qu'Elle fait expédier tous les ans pour la dépenſe de la Maſſe de ſes Troupes de toute l'année, tant en paix qu'en guerre, Elle a ordonné que l'uſtenſile qu'Elle accordera après la campagne l'hiver prochain, ſera dorénavant ſur le pied réglé ci-après, ſavoir;

Uſtenſile de l'Infanterie françoiſe.

Compagnies.

Chaque compagnie d'Infanterie françoiſe, à raiſon de douze cens livres pour l'uſtenſile entier, & de ſix cens livres pour celles qui n'auront que le demi-uſtenſile, ſur quoi il ſera retenu aux compagnies qui recevront douze cens livres, ſavoir; quatre-vingt-dix livres pour l'uſtenſile du Lieutenant; ſoixante livres pour chaque Sous-lieutenant & Enſeigne, & quinze livres pour l'Aide-major du bataillon; & par rapport à la retenue qui ſera pareillement faite ſur les compagnies qui n'auront que les ſix cens livres de demi-uſtenſile, elle ſera de quarante-cinq livres pour chaque Lieutenant; de trente livres pour chaque Sous-lieutenant & Enſeigne, & de ſept livres dix ſols pour l'Aide-major du bataillon; le reſtant à chaque compagnie, à la réſerve de cent cinquante livres dont il ſera parlé ci-après, ſera payé au Capitaine pour rendre ſa compagnie complète, en état de bien ſervir, & fournir des tentes à ſes Soldats pendant la campagne ſuivante.

A l'égard des compagnies des autres corps d'Infanterie qui auront l'uſtenſile, & dont la compoſition eſt différente, cet uſtenſile ſera réglé, en proportion de celui ci-deſſus de l'Infanterie françoiſe, par les états que Sa Majeſté en ſera expédier.

Uſtenſile des Officiers de l'Etat-major des régimens.

Les Colonels, Lieutenans-colonels & Commandans de bataillon n'ayant plus de compagnie, tant de l'Infanterie françoiſe, que des autres troupes qui auront l'uſtenſile, Sa Majeſté voulant bien avoir égard aux dépenſes indiſpenſables & particulières qu'ils feront pendant la campagne, Elle ordonne qu'il leur ſoit payé, à titre d'uſtenſile, ſavoir; à chaque Colonel, ou Colonel en ſecond, ſix cens livres; à chaque Lieutenant-colonel, quatre cens livres; à chaque Commandant de bataillon, sans compagnie, trois cens livres, & quatre cens cinquante livres au Major; & lorsque les régimens auxquels ces Officiers sont attachés, ne recevront que le demi-ustensile, il ne leur sera payé que la moitié du traitement ci-dessus réglé.

Retenue sur l'ustensile des Officiers des compagnies d'Infanterie.

Comme il est de règle de tous les temps, pendant la guerre, de faire retenir par le Trésorier général de l'Extraordinaire des guerres, sur l'ustensile des Capitaines des troupes d'Infanterie, une somme de cent cinquante livres, pour leur être conservée & délivrée pendant la campagne suivante, cette somme de cent cinquante livres leur sera payée à l'armée, à raison de trente livres par mois, pendant les mois de juin, juillet, août, septembre & octobre.

Et à l'égard de ce que les Lieutenans, Sous-lieutenans & Enseignes doivent toucher dans l'ustensile des compagnies où ils sont attachés, comme il est détaillé ci-dessus, ils en seront payés par égale portion, dans chacun des mois de mai, juin, juillet, août, septembre & octobre.

Officiers réformés d'Infanterie.

Les Officiers réformés d'Infanterie avec appointemens, qui serviront à la suite desdits régimens pendant la campagne, recevront l'ustensile sur le pied, savoir; de deux cens soixante-dix livres à chaque Colonel, cent quatre-vingt livres à chaque Lieutenant-colonel, quatre-vingt-dix livres à chaque Capitaine, & trente livres à chaque Lieutenant.

USTENSILE DE LA GENDARMERIE.

GENDARMERIE. Dix compagnies de Gendarmes.

CHACUNE des dix compagnies de Gendarmes de la Gendarmerie, qui auront servi la campagne, recevra pendant les cent cinquante jours du quartier d'hiver suivant, quatre-vingt-cinq places d'ustensile par jour, lesquelles seront distribuées, (les grands Officiers n'en devant point avoir) savoir; deux places à chacun des quatre Maréchaux-des-logis qu'il y a en chaque compagnie, & les soixante-dix-sept autres places seront pour les deux Brigadiers, les deux Sous-brigadiers, le Porte-étendard, les soixante-dix Gendarmes & les deux Trompettes.

Six compagnies de Chevaux-légers.

Chacune des ſix compagnies de Chevaux-légers de la Gendarmerie, recevra auſſi, pendant leſdits cent cinquante jours, cent cinq places d'uſtenſile par jour, le Capitaine-lieutenant en ayant dix; le Sous-lieutenant, quatre; chacun des premier & ſecond Cornette, trois; chacun des quatre Maréchaux-des-logis, deux; & les ſoixante-dix-ſept autres places ſeront pour les deux Brigadiers, les deux Sous-brigadiers, le Porte-étendard, les ſoixante-dix Chevaux-légers & les deux Trompettes.

Timbaliers de la Gendarmerie.

Les huit Timbaliers qui ſervent dans les ſeize compagnies de ladite Gendarmerie, à raiſon d'un pour deux compagnies, recevront, auſſi par jour, une place d'uſtenſile pendant leſdits cent cinquante jours.

CAVALERIE FRANÇOISE ET ÉTRANGÈRE, CARABINIERS, HUSSARDS & DRAGONS.

CAVALERIE & DRAGONS.

CHAQUE compagnie des régimens de Cavalerie françoiſe & étrangère, de Carabiniers, de Huſſards & de Dragons, qui ſerviront dans les armées la campagne prochaine, recevra l'uſtenſile pendant les cent cinquante jours du quartier d'hiver 1757 à 1758, ſur le pied, par jour,

Compagnies.

de ſix places au Capitaine, quatre places à chaque Lieutenant, quatre places au Sous-lieutenant qui eſt dans chacune des compagnies Colonelle du Colonel-général de la Cavalerie, & du Colonel-géneral des Dragons; trois places à chaque Cornette, deux à chaque Maréchal-des-logis, & une à chaque Brigadier, Cavalier, Carabinier, Volontaire, Huſſard, Dragon, Trompette, Timbalier & Tambour, conformément aux états que Sa Majeſté en ſera expédier; obſervant que ces places attribuées aux Gendarmes & Chevaux-légers de la Gendarmerie, aux Cavaliers, Carabiniers, Huſſards, Dragons, Trompettes, Timbaliers & Tambours, doivent être payées au Capitaine, pour être employées au rétabliſſement & entreténement de ſa compagnie, & la mettre en état de ſervir en campagne l'année prochaine, à la réſerve de deux ſols par

par place de Gendarme, Chevau-léger, Cavalier, Carabinier, Huſſard, Dragon, Trompette, Timbalier & Tambour pendant les cent cinquante jours du quartier d'hiver prochain, qui doivent être retenus par le Tréſorier général de l'Extraordinaire des guerres, pour être par lui remiſe au Major ou Aide-major, pour leur être délivrée pendant la campagne ſuivante, ainſi qu'il ſera dit ci-après.

Et pour chaque Etat-major de Cavalerie, Carabiniers, Huſſards & Dragons, il ſera payé ſix places d'uſtenſile par jour, à chacun des Meſtres-de-camp à qui Sa Majeſté a conſervé les compagnies, ainſi qu'à chaque chef de brigade de Royal-des-Carabiniers, outre les places qu'ils reçoivent comme Capitaine; quatre places à chaque Lieutenant-colonel des brigades dudit régiment Royal-des-Carabiniers, & des régimens Royal-Allemand, Wirtemberg & de Naſſau-Saarbruck, auxquels Sa Majeſté a pareillement conſervé les compagnies, indépendamment des places qui leur ſont attribuées comme Capitaine; douze places à chaque Meſtre-de-camp ſans compagnie, dix places à chaque Lieutenant-colonel, auſſi ſans compagnie; huit places au Lieutenant-colonel en ſecond, qui eſt en chacun des trois régimens de Huſſards; ſix places à chaque Major, quatre à chaque Aide-major, trois places à chaque ſecond Aide-major de Dragons, une place à chacun des Aumônier & Chirurgien dans la Cavalerie, & une place à l'Aumônier dans les Dragons. *Etats-majors.*

Deux places au Maréchal-des-logis de l'Etat-major du régiment Royal-Allemand, deux au Prevôt, une à ſon Lieutenant, & une à chacun des Greffier, quatre Archers & un Exécuteur. *ROYAL-ALLEMAND. Prevôté.*

Une place à l'Auditeur dans l'Etat-major du régiment de Wirtemberg, & une à chacun des Greffier, trois Archers & un Exécuteur. *WIRTEMBERG. Prevôté.*

Et deux places au Prevôt qui eſt dans l'Etat-major du régiment des Volontaires de Naſſau-Saarbruck. *VOLONTAIRES de NASSAU-SAARBRUCK. Prevôté.*

A l'égard des Officiers réformés à la ſuite des régimens de Cavalerie françoiſe & étrangère, de Huſſards & de *Officiers réformés de Cavalerie & de Dragons.*

Dragons, qui y ferviront la campagne prochaine, Sa Majefté ordonne que l'uftenfile leur foit payé pendant les cent cinquante jours du quartier d'hiver fuivant, fur le pied de fix places par jour à chaque Meftre-de-camp, cinq à chaque Lieutenant-colonel, quatre à chaque Capitaine, & deux à chaque Lieutenant.

VEUT Sa Majefté que les places de l'uftenfile perfonnel des Officiers des troupes de la Gendarmerie, Cavalerie, Carabiniers, Huffards & de Dragons, leur foient payées pendant les cent cinquante jours du quartier d'hiver fuivant, fur le pied de douze fols chacune pour l'uftenfile entier, & de fix fols pour le demi-uftenfile; & de onze fols par place de Gendarme, Chevau-léger, Cavalier, Carabinier, Huffard & Dragon, pour les compagnies qui auront l'uftenfile entier, & cinq fols fix deniers pour celles qui n'auront que le demi-uftenfile; fur chacune defquelles places de onze fols d'uftenfile entier, & de cinq fols fix deniers de demi-uftenfile, le Tréforier général de l'Extraordinaire des guerres retiendra en fes mains deux fols par jour pendant les cent cinquante jours du quartier d'hiver prochain, qui feront la fomme de quinze livres pour chaque Brigadier, Sous-brigadier, Gendarme, Chevau-léger, Cavalier, Carabinier, Huffard, Dragon, Trompette, Timbalier & Tambour; laquelle retenue fera remife au commencement & pendant la campagne 1758 au Major, ou en fon abfence à l'Aide-major de chaque corps, qui la délivrera manuellement à chaque Brigadier, Sous-brigadier, Gendarme, Chevau-léger, Cavalier, Carabinier, Huffard, Dragon, Trompette, Timbalier & Tambour, en cinq payemens égaux d'un écu de foixante fols chacun, aux 10 des mois de juin, juillet, août, feptembre & octobre de ladite campagne 1758; au moyen de quoi, le Capitaine qui recevra l'uftenfile entier ne touchera que neuf fols par place de fa troupe; & celui qui n'aura que le demi-uftenfile, trois fols fix deniers auffi par place.

Prix des places d'uftenfile.

Retenue pour l'écu de campagne.

Diftribution de l'écu de campagne.

Au moyen defquels payemens ci-deffus de l'écu de campagne & du furplus de l'uftenfile, lefdits Cavaliers,

Carabiniers, Huſſards & Dragons ſeront obligés de s'entretenir de linge, culotte, bas & ſouliers, & d'entretenir leurs chevaux de ferrage, de tenir leurs armes nettes & d'y faire les menues réparations, en ſorte qu'elles ſoient en bon état. Entend Sa Majeſté que ſi ces armes venoient à être en un état à ne pouvoir plus ſervir, ſans que ce ſoit par la faute du Cavalier ou du Dragon, & qu'il ſoit néceſſaire de les changer, le Capitaine en faſſe la dépenſe; & qu'au ſurplus chaque Capitaine entretienne chaque Carabinier, Cavalier, Huſſard & Dragon, de cheval, houſſe, ſelle, harnois, bride, habillement, manteau, chapeau, bottes & armes.

MANDE & ordonne Sa Majeſté aux Gouverneurs & ſes Lieutenans généraux en ſes provinces, aux Commandans en chef & aux Lieutenans généraux dans ſes armées, aux Maréchaux-de-camp ayant le commandement ſur ſes Troupes, aux Gouverneurs de ſes villes & places, & à ceux qui y commandent; aux Intendans de ſes armées, dans les provinces & ſur les frontières; aux Directeurs & Inſpecteurs généraux de ſes troupes, aux Commiſſaires des guerres, & à tous autres ſes Officiers qu'il appartiendra, de tenir la main à l'exécution de la préſente. FAIT à Verſailles le vingt-cinq avril mil ſept cent cinquante-ſept. *Signé* LOUIS. *Et plus bas,* R. DE VOYER.

www.ingramcontent.com/pod-product-compliance
Ingram Content Group UK Ltd.
Pitfield, Milton Keynes, MK11 3LW, UK
UKHW022130170726
13837UKWH00003B/1469